왕초보
펀드투자
시크릿

왕초보 펀드투자 시크릿

1판 1쇄 발행 | 2012년 11월 25일
1판 2쇄 발행 | 2015년 5월 20일
2판 1쇄 발행 | 2021년 3월 5일

지은이 | 이정한
펴낸이 | 이현순
디자인 | 정원미

펴낸곳 | 백만문화사
주소 | 서울시 마포구 독막로 28길 34(신수동)
전화 | 02) 325-5176
팩스 | 02) 323-7633

신고번호 | 제 2013-000126호
e-mail | bmbooks@naver.com
홈페이지 | http://bm-books.com

Translation Copyright© 2012 by BAEKMAN Publishing Co.
Printed & Manufactured in Seoul, Korea

ISBN 979-11-89272-24-1(03320)
값 15,000원

펀드로 안전하게 돈벌기 위한 필독서!

왕초보 펀드투자 시크릿

이정한 지음

백만문화사

　유로존의 위기로 침체를 면치 못하던 주식시장이 미국의 경기부양책으로 달러를 무제한 풀고, 세계 3대 신용평가사가 우리나라 신용등급을 일제히 상향조절하면서 다시 주식시장이 활기를 띄고 코스피가 2000선을 오르락거리고 있다. 그리하여 오늘날 경제활동인구 중 4분의 1이 주식과 펀드에 가입하고 있다.

　펀드의 장점은 무엇보다도 간접투자라는 점이다. 주식은 모든 판단을 스스로 해야 하기 때문에 많은 연구와 노력이 필요하여 개인들이 성공하기는 매우 힘든 것이 현실이다. 그러나 펀드는 간접투자로 전문자산관리자를 보유하고 있는 증권사나 투신사에 의지하여 투자한다는 점이 개인들에게는 유리하다는 점이다.

　또한 많은 사람들이 펀드투자에 열중하고 있는 또 하나의 이유는 펀드가 노후생활이나 미래를 준비하는 데 가장 적합한 상품이기 때문이다.

　오늘날 은행권의 금리가 오르고 있다고 하지만 실질 금리가 5~6%를 넘지 못하는 시대에 도저히 적금이나 은행 예금으로는 감당할 수 없기 때문이다. 평균수명이 78.5세로 점차 고령화되어가는 시대에 누구나 노후를 준비하지 않으면 안 되는데 펀드만큼 수익이 높은 상품에 투자하지 않을 수 없게 된 것이다.

　그러나 펀드는 고수익을 보장하는 간접 상품이지만 펀드의 기본지식은 물론 경기나 금융에 대한 아무런 상식도 없이 증권사나 투신사를 방문하여 직원에게 무작정 돈을 맡겼다가는 큰 낭패를 보기 쉬운 것이다. 따라서 주식과 밀접한 관계가 있는 국내외 경제의 기본 상식에서부터 펀드에 대한 여러 가지 기본지식과 투자요령이나 전략을 익힌 다음에 증권사를 찾아가야 한다. 왜냐하면 수익은 물론 실패했을 때의 손실은 어디까지나 투자자가 책임을 지기 때문이다. 어느 증권사의 어느 담당직원도 실패에 대한 책임은 지지 않는다. 오로지 투자자 본인만이 책임을 지는 것이 펀드의 특성이다.

따라서 투자에 실패하여 돈을 날라지 않으려면 최소한 펀드에 대한 기본 지식은 물론 주식과 관련된 경제상식과 투자 노하우 정도는 알고 나서 투자해야 한다.

본서는 바로 그런 점에 착안하여 펀드에 투자하여 수익을 올려 보다 나은 미래를 준비하려고 하는 사람들이 반드시 익히고 알아야 할 지식과 투자 전략에 대해서 서술한 책이다. 아무쪼록 많은 독자들이 본서를 통하여 펀드 투자에 대한 전략을 익혀서 펀드투자에 성공하여 돈을 많이 벌기를 바라는 마음 간절하다.

필자

| 차 례 |

| 차 례 |

| 차 례 |

| 차 례 |

1

SECRET

금융에 대한 기본 지식

돈은 어떻게 흐르는가?

돈은 신체에 비유하면 '혈액' 이라고 할 수 있다. 즉 '경제적 혈맥' 인 셈이다. 따라서 경제 규모에 비해 돈이 많으면 고혈압과 같은 현상이 발생할 수 있고, 돈이 적어도 혈액 부족으로 경제의 흐름이 원활하지 않을 수 있다. 그렇다면 '돈의 흐름' 이란 것은 무엇일까? 또 '부동산에 돈이 몰린다.' 는 의미는 무엇일까? 투자자는 물론이고 많은 사람들이 항상 궁금해하는 의문점들이다.

시중에 풀려 있는 돈의 양은 정부나 금융기관의 개입이 없다면 언제나 일정하다. 예를 들어 고무풍선 속에 물이 있는데, 한쪽을 누르면 다른 쪽으로 물이 옮겨가는 것과 같다. 다만 풍선 속에서 물이 이리저리 이동할 뿐 돈의 양은 같은 것이다. 따라서 돈의 흐름을 파악하기 위해서는 먼저 시중에 돈이 얼마나 풀릴 것인가를 알아야 한다. 그 다음으로 시중자금이 어디로 쏠리는지 파악해야 한다. 주식에 직접 투자하든 펀드에 투자하든 간에 이것은 반드시 알아야 한다.

시중에 돈이 얼마나 풀릴 것인가를 알기 위해서는 부문별 통화 공급 경로를 알 필요가 있다.

| 경제적 관심을 나타내는 자금 쏠림 현상 |

자금이 어디로 쏠리는가를 보면 사람들이 어떤 자산에 경제적 관심이 있는가를 알 수 있다. 돈이 부동산으로 혹은 주식시장으로 몰린다고 할 때 그 의미를 생각해 보자.

주식을 사는 사람이 있으면 반드시 주식을 파는 사람이 있게 마련이다. 주식을 사는 사람이 은행에서 돈을 인출했다면, 주식을 판 사람은 이 돈을 다시 은행에 예금하게 될 것이므로 부동산 자체에 돈이 몰린 것은 아니다.

"주식에 돈이 몰렸다"라는 말은 주가가 오른 상태에서 매수 세력이 계속 존재할 때 쓸 수 있는 표현으로 이해할 수 있다. 즉 '매수자 우위의 시장'으로 이해하면 된다.

통상 매수자 우위의 시장은 거래량이 증가하는 것이 일반적이다. '매수자 우위'라는 의미는 그 자산의 가격이 계속 오르고 있다는 의미를 내포하고 있다. 그렇다면 그 자산을 산 사람은 돈을 벌었을 것이므로, 기대수익률 수준에 따라 파는 사람과 오르는 추세를 믿고 새로 사는 사람이 반복적으로 발생하면서 거래량이 증가하게 된다.

매수자 우위의 시장에서는 화폐 유통속도도 매우 빠르다. 주식이 오를 때는 하루에도 몇 번씩 거래하게 된다. 일정한 금액을 주식에 투자했을 때 하루에 한 번 거래한 것과 10번 거래한 것은 화폐 유통 속도에 있어서 10배의 차이가 난다.

화폐의 유통속도가 빠르면 시중에 공급된 화폐량은 줄어들어도 경제가 잘 돌아간다.

가장 중요한 요인, 수요와 공급

수요와 공급은 가격을 결정하는 주요 요인이다. 하지만 정작 어떤 물건이나 서비스의 가격이 변할 때 그 요인이 수요와 공급에 있다는 것을 인식하지 못할 때가 많다. 우리 주변의 예를 보면 공급량의 변화가 농산물의 가격을 좌우한다는 사실을 쉽게 이해할 수 있다. 어느 해 사과가 풍작이어서 과수원 주인이 기뻐했지만, 시장 가격이 폭락해 수입이 형편없게 되거나, 가을에 배추값이 폭등 또는 폭락하는 경우이다.

이제 자본시장으로 들어가 보자. 사람들이 자주 하는 질문이 있다.

"요즘에 주식이 왜 오릅니까?" 그 답은 이렇다.

"주식을 사려는 사람이 팔려는 사람보다 많기 때문입니다."

너무 당연한 대답이고 또 이 외에 다른 답변이 있을 수 없다. 물론 좀더 멋있게 말할 수도 있다. 세계적인 유동성 과잉이 아시아 증시로 흘러들었고, 더불어 오일 달러도 아시아시장에 관심을 보이고 있다든지 등과 같이 말이다. 어쨌든 자본시장의 주식가격도 수요와 공급에 따라 움직이는 것이다.

| 수요와 공급에 따라 움직이는 금리 |

채권시장의 금리도 수요와 공급에 의해 움직일까? 그렇다. 채권을 사려는 사람은 적은데 채권을 발행하려는 사람이 많으면 점점 더 높은 금리를 제시해야 채권을 발행할 수 있다. 따라서 채권의 공급이 많으면 당연히 채권의 가격은 하락하게 될 수밖에 없는 것이다. 채권시장에서도 수요와 공급이 가격을 결정한다.

그런데 향후 채권금리가 어떻게 될지 예상할 때는 "채권 수요가 증가할 것이다", "공급이 감소할 것이다"라는 식으로 표현하지 않는다. 대신 "향후 경기가 어떻게 될 것인가"라는 식으로 표현한다. 즉 경기가 좋아진다고 예상되면 각 기업이 적극적으로 자금을 조달해 투자를 활발히 할 것이므로, 투자자금 조달용 채권 발행이 늘어날 것이라고 예상할 수 있다.

또한 호경기에는 국민들의 소비도 활발히 이뤄지는 등의 요인으로 인플레이션 우려가 있으므로 중앙은행에서 이를 진정시키기 위한 정책금리에 대해 인상 조치를 취할 가능성도 있다. 따라서 경기가 좋아진다는 예상은 곧 '채권 공급의 증가 → 금리상승'으로 인한 채권가격 하락의 메커니즘으로 이어지는 것이다.

| 수요와 공급에 따라 움직이는 환율 |

주식과 채권의 가격이 수요와 공급에 의해 결정된다는 것은 쉽게 이해할 수 있다. 그렇다면 환율도 수요와 공급에 의해 움직일까? 물론이다.

원/달러 환율은 미국 돈 1달러의 원화 표시 가격이다. 즉 우리나라 외환시장에서 미국 돈 1달러를 사는 데 1천 원이 필요하다면 원/달러 환율은 1천 원이다.

이 시장에서 '달러'는 물건을 말한다. 달러가 많아지면 달러라는 물건의 공급이 늘어나므로 달러 값이 하락할 수밖에 없으며, 이 경우 달러 가격은 1천 원보다 내려간다. 1달러의 원화 표시 가격이 1천 원에서 900원으로 내려가면 환율이 하락한 것이며, '달러약세' 혹은 '원화강세'로 표현하기도 한다.

수출이 잘되면 수출 기업은 달러를 들고 국내에 들어온다. 외국인이 국내의 주식·채권·부동산을 많이 사려면 그들도 달러를 들고 들어온다. 이 경우 달러 공급이 많아져 달러 값은 하락한다.

반대의 경우로 수입 및 해외여행은 증가, 외국인이 우리나라 자산을 팔

아 우리나라를 떠나는 경우에는 필요한 달러를 사야 하므로 달러의 수요

가 많아지고, 달러의 가격이 올라가게 된다.

경기침체기의 특성 두 가지

일반적으로 불황기에는 물가가 하락하고 호황기에는 물가가 상승한다. 그러나 최근에는 호황기는 물론 불황기에도 물가가 계속 상승하는 현상이 발생한다. 이 때문에 불황과 인플레이션이 공존하는 현상이 발생한다. 이 때문에 불황과 인플레이션이 공존하는 사태가 현실적으로 나타나게 됐다. 이러한 현상을 스태그플레이션이라고 하며, 이는 스테그네이션과 인플레이션의 합성어이다. 이러한 현상의 주원인은 만성적 물가상승에 있다. 만성적 물가상승은 최근 세계 각국의 경제정책 기조가 물가안정보다는 경기안정을 우선하게 된 것과 석유 등 원자재가격의 급등, 군사비나 실업수당 등의 증가, 소비적인 재정 지출의 확대 및 노동조합의 압력으로 인한 명목임금의 지속적 상승 등에서 그 원인을 찾을 수 있다.

더블딥이란 경기가 침체한 후 잠시 회복기를 보이다가 다시 하강하는 이중 침체 현상으로 'W형 침체'라고도 부른다. 2001년 미국에서 처음 등장한 신조어로 기업투자와 민간소비 약화로 인해 발생했다.

더블딥은 경기 침체가 저점에 달한 뒤 바로 상승세를 타는 V자형이나, 곧바로 회복 기미를 보이지 않고 한동안 침체를 유지하다 서서히 상승세를 타는 U자형 등과 다르다. 2번의 경기 침체를 겪어야 회복기로 돌아서는 것으로 '이중 하강', '이중 침체'라고도 한다.

예를 들어 경기 침체기에 기업들이 생산량을 늘리면 일시적으로 경기가 반등하는 것처럼 보인다. 그러나 실제로는 국민경제 악화로 인해 수요 침체가 다시 강화됨으로써 거듭 경기하락 국면으로 접어들게 된다. 이런 현상이 바로 더블딥이다.

금융에 대한 기본 지식

두 가지 종류의 이자율

이자율이란 무엇인가? 단지 채권이나 예금통장에 기록돼 있는 '연 몇 %'라는 수치를 말하는 것일까? 이자율은 '원금에 대한 이자의 비율'을 가리킨다. 이자율이 연 100 %라고 하더라도 연간 물가상승률이 이보다 높다면 실제 재산은 오히려 자꾸 줄어들게 되는 것이다.

일본의 경우 과거 10여 년간 이자율이 0 %에 가까웠지만 물가상승률이 마이너스를 기록함에 따라 실질이자율은 오히려 플러스였다. 은행이 지급하는 이자율은 '명목이자율'이고 인플레이션을 감안해 조정한 이자율은 '실질이자율'이다. 명목이자율·실질이자율·인플레이션율 사이의 관계를 다음과 같이 나타낼 수 있다.

실질이자율 = 명목이자율 − 인플레이션율

실질이자율은 명목이자율에서 인플레이션율을 뺀 것이다. 명목이자율은 예금이자가 시간이 경과함에 따라 얼마나 불어나는지를 말해주는 반면, 실질이자율은 예금의 구매력이 얼마나 상승하는지를 나타낸다. 명목이자율이 높아도 인플레이션율 또한 높다면 실질이자율은 낮아진다.

어떤 해에는 명목이자율로 인한 예금가액보다 인플레이션으로 인한 가치하락이 더 커서 실질이자율이 마이너스일 경우도 있다. 반면에 명목이자율이 낮지만 인플레이션율도 낮아서 실질이자율은 상대적으로 높은 경우가 있다. 따라서 이자율 변동의 원인과 효과를 따져볼 때는 명목이자율과 실질이자율에 대한 이해가 반드시 필요하다.

| 이자율이 경제에 미치는 영향 |

이자는 '돈을 빌린 대가'라는 의미로 저축한 사람에게는 소득이 되고, 빌리는 사람에게는 비용이 된다. 또한 저축이란 현재 소비를 미래 소비로 이전하는 것을 뜻한다. 따라서 이자는 현재 소비를 미래 소비로 미루는 데 대한 보상이라고도 할 수 있다.

따라서 이자가 높아지면 사람들은 현재 소비를 줄이고 미래 소비, 즉 저축을 좀더 많이 하게 된다. 반면에 차입, 즉 다른 사람이 저축한 돈을 빌려 사용하는 것은 미래 소비를 현재에 앞당겨 소비하는 것과 같다. 물론 차입하는 사람은 돈을 빌려서 소비하거나 투자할 수도 있다. 만약 돈을 빌려 투자하고자 하는 경우, 이자율이 낮다면 많은 투자자들이 돈을 빌려 많은 종류의 사업에 투자할 것이다.

하지만 이자율이 높다면 투자자들은 그들이 투자하고자 하는 사업에서 얻을 것으로 예상하는 수익률이 이자율보다 큰 사업에만 투자할 것이다. 이는 결과적으로 국민경제 전체적으로 본다면 비효율적인 부문에 대한 자원의 투입을 제한하는 효과를 갖는다.

| 중요한 경제 변수인 이자율 |

이자율 수준은 한 나라의 소비지출과 투자지출 등 총지출 수준을 결정하는 중요한 경제 변수이다. 경기가 불황에 직면할 때 총지출을 증대시켜 경제를 활성화하기 위해 중앙은행은 이자율을 인하하는 정책을 시행한다. 이는 FFR이나 우리나라의 콜금리 조정에서 많이 봐 왔고 그때마다 자본시장이 출렁거리는 것을 경험해 왔다.

그런데 FFR이나 콜금리를 조정하면 시중금리도 따라 변하는 이유는 무엇인가? 중앙은행이 하루짜리 금리를 조정한다고 국채 3년물금리나 회사채금리가 변동하는 이유는 무엇인가?

중앙은행이 하루짜리 금리를 25bp 내렸는데, 3년물금리가 내리지 않는다면 어떻게 될까? 은행들은 중앙은행으로부터 낮은 금리의 자금을 빌려 국채 3년물을 사려고 할 것이며, 은행들이 계속 국채 3년물을 산다면 결국 국채 3년물의 금리도 내리게 될 것이다. 이러한 과정을 거쳐 콜금리 조정은 다른 채권 · 예금 · 대출금리에 영향을 미친다.

여기서 핵심은 은행들이 중앙은행으로부터 낮은 금리에 자금을 빌리고자 할 때 중앙은행이 낮은 콜금리를 유지하기 위해서는 자금을 계속 공급할 수밖에 없다는 것이다. 즉 콜금리의 인하는 시중에 충분한 유동성을 공급해 경기를 활성화하려는 당국의 정책이며, 콜금리인상은 그 반대로 유동성을 축소하고 인플레이션을 억제하고자 하는 정책을 말한다.

금융에 대한 기본 지식

환율과 주식과의 관계

환율은 두 나라 간 돈의 교환비율을 나타내는 동시에 한 나라 돈의 대외

가치를 나타낸다. 미국 달러화에 대한 원화 환율이 '1달러=1천 원'이라는

것은 미국 돈 1달러의 가치가 1천 원이라는 것을 의미한다. 이는 우리나라

돈 1원의 가치가 1/1천달러라는 뜻이기도 하다.

환율은 다른 나라 통화 1단위에 대한 미국 달러의 교환비율로 표시되는

방법과 미국 달러 1단위에 대한 다른 나라 통화의 교환비율로 표시되는

방법이 있다. 전자를 미국식, 후자를 유럽식이라고 한다. 유럽연합의 단일

화·파운드·렌드화 등 몇몇 화폐만이 미국식으로, 우리나라 원화를 비

롯한 그 외 다른 통화는 유럽식으로 표시된다.

환율이 변동되는 상황은 '올랐다/내렸다'로 표현하기도 하고, '절상/

절하'로 표현하기도 한다. 원/달러 환율이 1천 원 달러에서 1천100원/달

러로 변했다면, 환율이 오른 것이며 원화는 절하된 것이다. 즉 미국 돈의 가치는 그만큼 상승한 것이며, 우리나라 돈의 가치는 그만큼 떨어진 것이다.

| 수요와 공급에 의해 결정되는 환율 |

앞에서 언급했지만, 환율은 개인·기업·금융기관 등이 외국과의 거래에서 수출과 수입 등 외환시장에서 어느 정도의 외환을 필요로 하고 어느 정도의 외환이 외환시장에 공급되느냐에 따라 그 수준이 결정된다.

외환의 수요·공급 요인 외에도 한 나라의 물가수준이나 경제성장률·통화량·금리 등도 환율을 변동시키는 주요 요인이 된다. 예를 들어 우리나라의 물가가 외국보다 많이 오르면 우리나라 수출상품의 가격이 상대적으로 비싸지는 반면 수입상품의 가격은 상대적으로 싸게 되어 그만큼 수출이 감소하고 수입이 증가한다. 이에 따라 우리나라가 수출로 벌어들이는 외국 돈의 양보다 수입을 위해 지출하는 외국 돈의 양이 많아지게 된다. 외국 돈이 귀해져서 외국 돈의 가치가 올라가는 현상이 나타나면, 환율이 상승하게 되는 것이다.

우리나라 물가가 외국 물가보다 더 많이 오를 것으로 예상될 경우, 우리나라 돈의 가치가 하락될 것을 의미한다. 따라서 외환시장에서 우리나라 돈에 대한 수요가 줄어들어 환율상승으로 연결되기도 한다. 또한 우리나라의 경제성장률이 다른 나라보다 높으면 국내 소득 수준이 전반적으로 높아지고 이에 따라 외국상품의 수입이 늘어나 환율을 상승시키는 요인이 된다.

다른 한편으로 경제성장률이 높으면 우리나라 경제에 대한 신뢰도가 높아진다. 이는 우리나라의 기업이나 주식에 투자할 경우 투자수익률이 높을 것이라는 예상으로 외국인들의 투자가 늘어나고, 외환시장에 외국 돈이 많아지면서 환율을 하락시키기도 한다.

우리나라의 통화량이 증가할 경우에는 우리나라 돈의 가치가 하락해 환율이 상승하게 된다. 우리나라의 금리가 외국보다 높으면 높은 이자수익을 얻기 위해 외국투자자들이 우리나라 은행에 예금을 하거나 채권을 사려고 할 것이므로 외국 돈의 공급이 늘어나 환율이 하락한다.

| 환율을 결정하는 원리 |

환율은 국내 통화가격과 해외 통화가격의 교환비율로 측정할 수 있다. 여기서 통화가격이란 화폐 1단위로 구매할 수 있는 재화 또는 물건의 수를 말한다. 예를 들어 10원으로 사과 5개를 살 수 있다면 사과 한 개의 값이 2원이라고 말할 수 있으며, 사과 한 개의 값을 '2원/사과 한 개'로 표시

할 수 있다. 거꾸로 1원의 가격을 사과의 단위로 표시하면 '사과 0.5개/1원'으로 표시할 수 있으며, 이는 재화 또는 물건의 단위로 표시한 원화 1원의 가격이라고 할 수 있다. 이 경우 사과로 표시한 원화 1원의 가격은 사과 0.5개이다.

만일 미화 1달러로 배 한 개를 살 수 있다면, 구입 가능한 배의 단위로 표시한 미국 화폐 1달러의 가격은 배 한 개가 된다. 동일한 배 한 개를 구입하기 위해 한국 화폐 1천 원이 들고, 미국 화폐 1 달러가 든다면 동일하게 재화를 구입하기 위한 양 국가간 통화의 교환비율은 '1,000/$1'이 되며, 이는 구매력 관점에서 측정한 환율이라고 할 수 있다.

| 환율은 이자율을 보고도 측정 가능 |

환율은 양국의 이자율 측면에서도 측정할 수 있다. 균형선물환율은 현물환율 및 양 국가의 금리 차에 의해 결정된다는 이론이다. 이 이론은 국내 투자수익과 해외 투자수익이 결과적으로 동일해야 한다는 가정에서 출발한다.

예를 들어 어떤 사람이 1천 원의 현금을 가지고 있는데 그는 국내투자와 해외투자 중 한 가지를 고려하고 있다. 현 시점에서의 환율은 1천 원, 국내금리는 10 %, 미국금리는 연 5 %라고 하고, 그의 투자기간은 1 년이라고 할 때 현재 시점에서 바라본 1년 후 균형선물환율은 얼마일까?

그는 현재 보유하고 있는 현금 1천 원을 국내에 투자함으로써 1년 후 1천100원을 수취할 수도 있다. 또는 현금 1천 원을 현재의 환율을 적용해 미화 1달러로 환전한 후 그 금액을 미국에 1년간 투자한 후 원리금 1.05$를 수취하고, 그 금액을 원화로 환전해 최종적으로 원화로 투자한 후 원리금을 수취할 수도 있다.

이때 1년 후 미국에 투자시 수취하게 될 원리금 1.05$를 원화로 환전시 적용될 환율이 선물환율이며, 이 경우 국내 투자수익률과 선물환율을 적용해 환산한 미국 투자수익률은 동일해야 한다.

어느 나라에 투자하더라도 1년 뒤 원화로 환전했을 때 원리금이 동일할 것이라고 가정한다. 그 이유는 만약 한국보다 미국에 투자하는 것이 더 유리하다면 누구나 달러로 환전해 미국에 투자하고, 1년짜리 달러선물을 매도하는 전략을 취할 것이기 때문이다. 한국에 투자하는 것이 미국에 투자하는 것보다 유리하다면 미국의 투자자들이 한국에 투자하려고 몰려들 것이다.

국내금리가 해외금리보다 높을 경우에는 선물환율이 현물환율보다 높고, 반대로 국내금리가 해외금리보다 낮을 경우에는 선물환율이 현물환율보다 낮다. 선물환율이 현물환율보다 높은 상태를 선물 환율이 '프리미

엄 상태'에 있다고 하며, 선물환율이 현물환율보다 낮은 상태를 선물환율이 '디스카운드 상태'에 있다고 한다.

또한 선물환율과 현물환율의 차이를 '스왑레이트' 또는 '스왑포인트'라고 한다. 따라서 스왑레이트는 양국간 이자율 차이에 의해 변동된다는 것을 알 수 있다.

물가, 금리, 환율과 주식과의 관계

| 물가와 돈의 가치 |

물가란 상품의 전반적인 가격수준이나 그 움직임을 알기 위해 여러 가지 상품들의 가격을 한데 묶어 하나의 수치로 표현한 것이다. 다시 말해 물가는 여러 가지 상품들의 평균적인 가격수준을 나타낸다.

이러한 물가를 돈의 가치라는 측면에서 설명하면 다음과 같다. 물가가 오르면 같은 물건을 사기 위해 더 많은 돈을 지불해야 하므로 돈의 가치가 떨어지게 된다. 반대로 물가가 내리면 적은 돈으로도 많은 물건을 살 수 있으므로 돈의 가치가 올라간다.

이 중에서 어느 쪽의 영향이 더 큰가에 따라 달라진다. 선진국에서는 금리가 오를 경우 원가상승 효과보다는 수요감소 효과가 더 크기 때문에 물가가 떨어진다는 것이 일반적인 견해다.

국제 간의 통화 교환비율을 나타내는 환율은 경기 및 금리와 주가에 영향을 미친다. 환율이 떨어지면 수출상품의 가격이 상승해 경쟁국 제품에 비해 가격이 비싸지므로 수출이 줄어든다. 이에 따라 경제 성장이 둔화되며, 실업자가 늘어나고 고용 사정이 어렵게 된다. 반면에 상품 수입에 있어서 환율하락분만큼 수입상품가격이 하락하므로 상품의 소비가 늘고 수입이 증가해, 경상수지가 악화될 것이다.

하지만 환율하락은 수입상품가격뿐만 아니라 외국으로부터 원료를 수입해 생산하는 상품의 제조원가를 하락시키므로, 결과적으로 국내 물가가 내려가는 긍정적인 측면도 있다. 우리나라의 경우 제조업 부문은 원유·철강재·비철금속 등 수입원자재 투입비율이 크기 때문에 환율하락이 물가 안정에 미치는 영향은 매우 크다.

또한 환율이 하락하면 외국 빚을 지고 있는 기업에게는 그만큼 원금상환 부담이 줄어든다. 외국인투자자 입장에서는 환율하락 예상시 국내 주식투자를 통해 주식투자자 외에도 환차익이라는 부수적인 수입을 얻게 된다. 어느 투자수익률을 제고할 수 있는 좋은 기회를 포착하게 되는 것이므로 국내주식투자를 늘릴 만한 충분한 유인이 된다.

환율이 상승하는 경우에는 일반적으로 수출이 증가하고 수입이 감소해

무역수지를 개선시키는 반면 원자재 수입이 많은 우리나라의 경우에는 물가상승의 원인으로 작용하기도 한다.

일반적으로 금리가 상승하면 환율은 하락한다. 환율이 상대적으로 높아지면, 금리는 하락한다.

미국 경제지표 바로 알기

지난 9월 미국이 경기부양책을 발표하자 우리나라 주식이 일제히 올랐다. 이처럼 미국을 비롯한 해외 경제 여건 변화가 우리 경제에 미치는 영향은 크다. 국내경제의 대외 개방 확대와 정보화의 가속화 등으로 그 영향력이 커지면서 파급 시차가 짧아지는 동조화 현상이 심화되고 있다. 따라서 펀드에 투자하기 위해서는 세계경제 특히 미국 경제에 대해서 기본적인 것은 알아야 한다.

특히 미국의 각종 경제지표는 자국은 물론 세계경제의 주요 변수로 작용한다. 국내 자본시장에서도 그 중요성에 대한 인식이 더욱 커지고 있으며, 주기적으로 발표되는 미국의 주요 경제지표에 대해 전세계 국가들은 촉각을 곤두세우고 있는 실정이다. 그럼 미국의 주요 경제지표들을 나타내는 것들 중에서 중요한 것만 알아본다.

| 가장 먼저 발표하는 경제지수 |

ISM은 연방기금 목표금리에 가장 큰 영향을 주는 지수이자 월간 경제지표 중 가장 먼저 발표되는 경제 선행지표이다. 경기순환의 전환점을 예측하는 데 이용돼 중요도가 매우 높다. 특히 제조활동의 전환점을 잘 알려줄 뿐만 아니라, 고용통계가 발표되기 전에 ISM지수가 발표되면 해당하는 달의 제조활동을 파악할 수 있는 첫 번째 자료가 되기 때문에 유용성이 크다.

300여 개의 구매담당 책임자들을 대상으로 해당 회기의 구매주문량 · 고용 · 생산 · 제품가격 · 재고 등이 증가했는지, 감소했는지의 경제활동을 파악하고 산출한다. 조사 결과는 하나의 수치로 발표되며, 이는 경기동향지수로서의 성격을 가져 우리나라의 경기실사지수에 해당된다고 보면 된다.

★ISM 수치에 따른 경기 상태

지 수	경 기 상 태
50% 이상	제조활동 증가 단계
50% 이하	제조활동 감소 단계
40% 이하	경기후퇴단계

금융상품 올바른 선택

우선 자신이 무슨 목적으로 금융상품을 선택하는가에 따라 금융상품의 종류를 구분하여 고를 수 있겠다. 금융상품을 선택하는 궁극적인 목적은 돈을 벌겠다는 것이니, 왜 돈을 벌려고 하느냐에 따라 몇 가지로 나눠 볼 수 있다.

우리가 돈을 모으는 이유는 내집마련을 위해서나 노후의 생활에 대비하기 위해서이다. 또한 현재 자신의 자금 상태에 따라 여유자금을 굴리거나 목돈을 모으기 위해 적당한 금융상품을 선택하기도 한다. 따라서 목적에 따른 금융상품의 선택 기준으로는 내집마련상품, 노후생활자금마련상품, 목돈굴리기상품, 목돈마련을 위한 상품으로 크게 나누어 볼 수 있다. 특히 내집마련상품의 경우 원래 주택은행에서만 취급하던 것이 2000년부터 일반 은행에서도 취급하게 되었다.

한편, 저축의 목적이 재테크가 아니라 세금을 절세하려는 목적이라면 연말세금공제 대상이 되는 금융상품을 선택할 수 있겠다. 또한 목돈을 마련하기 위해, 좀더 좋은 조건의 이자를 받기 위해 비과세상품이나 세금우대상품에 가입할 수도 있다.

목적에 따른 금융상품	금융상품의 종류
내집마련상품	주택청약예금, 주택청약부금, 주택청약저축, 장기주택마련저축, 적립식펀드
노후생활자금마련상품	노후생활연금신탁, 노후생활연금투자신탁, 개인연금신탁, 개인연금투자신탁, 개인연금보험, 노후관련연금보험, 노후대비펀드 등
목돈굴리기상품	정기예금, 주택청약예금, 단기회전정기예금, 표지어음, CD, 거치식 수익증권 등
목돈마련상품	근로자우대저축, 가계우대정기적금, 자유적금, 정기적금, 주택청약부금, 장기주택마련저축, 적립식펀드
비과세상품	생계형비과세저축, 근로자우대저축, 장기주택마련저축
세금우대상품	상호부금, 주택청약부금, 정기적금, 단기회전정기예금, 주택청약예금
연말소득공제 대상상품	주택청약저축, 근로자주택마련저축, 장기주택마련저축, 개인연금저축, 각종보장성보험

목적과 시기를 고려한 금융상품의 선택

아무리 목적에 맞게 금융상품을 선택한다고 하더라도 모은 돈을 언제 사용할 것이냐에 따라서 선택의 기준은 달라진다. 예를 들어 내집마련과 이자소득세를 피하기 위해 비과세상품인 장기주택마련저축에 가입을 하겠다는 결정을 했더라도, 올해 당장 집을 살 돈이 필요하다면 이 금융상품에 가입하는 것은 무리가 있겠다. 왜냐하면 장기주택마련저축은 계약 기간이 7년이다. 따라서 금융상품을 선택할 때는 자신이 재테크를 하려는 목적뿐만 아니라 언제 그 돈이 필요한지 고려해서 판단해야 한다. 금융상품을 선택하는 데 기간을 고려하는 것은 필수적이라 하겠다.

특히, 비과세상품이나 세금우대상품의 경우 최소한 1년 이상 거래를 해야만 세금 절세 효과를 얻을 수 있으며 대부분의 신탁 상품에 가입할 경우에도 신탁 기간 중간에 해약을 하게 되면 중도해지 수수료가 부과되어 정상적인 수익을 받을 수 없게 된다. 또한 만기가 지난 상품을 그대로 놔두게 되면 만기 후부터는 약정금리보다 낮은 금리가 적용되거나 아예 이자를 지급하지 않는 상품도 많다는 것을 알아 두어야 하겠다.

따라서 금융상품을 선택할 때는 무턱대고 이자가 높다는 이유만으로 장기상품에 맡겨서는 안 된다. 갑자기 돈이 필요하여 이자 손해를 보면서 해약을 하는 경우도 있으니까. 따라서 자신의 향후 수입이나 재산 상태, 그리고 자금 계획을 잘 따져 보고 가입하는 현명한 지혜가 필요하다. 향후 자금 계획이 확실하지 않을 때에는 일단 단기금융상품에 가입한 후 시간적인 여유를 가지고 자금 사정이나 여러 가지 제반 여건을 고려해 보는 것도 이자 손실을 줄이는 방법이 되겠다.

왕초보 펀드투자 시크릿

Part.

2

SECRET

펀드에 대한 기본 지식

펀드의 의미

펀드는 특정한 목적을 위해서 모인 돈뭉치를 말한다.

지금은 많이 사라졌지만, 옛날 우리 할머니나 어머니들이 했던 계를 생각하면 쉽게 이해가 된다. 여러 사람이 푼푼이 돈을 모아 순번에 따라 나중에 목돈을 가져가는 것이 계이고, 원금만 가져가는 게 아니라 어느 정도 이자가 붙는다. 이처럼 펀드도 여러 사람이 모은 뭉칫돈으로 이자를 주는 곳(증권사나 투신사)에 투자해 벌어들인 이익을 투자한 사람들에게 나눠주는 것을 말한다. 또 유니세프 아동기금이나 에이즈 퇴치기금, 야생동물 보호기금도 돈을 모아 어려운 사람들이나 동물들에게 나눠주는 것이니 일종의 펀드라고 볼 수 있다. 이처럼 펀드는 넓은 의미를 가지고 있다.

그러나 그 범위를 좀더 좁히면, 여러 사람들이 돈을 모아 이익이 나는 곳에 투자해 돈을 불린 후 이익금을 나눠 갖되 투자한 만큼 이익이 돌아가도록 만들어진 것이 펀드이다. 그리고 이 과정에서 원금 손실이 날 경우 그 책임은 투자자 자신에 있다는 점도 펀드의 특징이다.

또한 펀드는 법적 규제를 받는 것과 법적 규제를 받지 않는 것이 있는데, 앞서 말한 계는 법적인 구속력이 없는 것이고, 유니세프 아동기금이나 에이즈 퇴치기금 등은 나름대로의 내부 규정이 있긴 하지만, 특정한 법에 얽매이지 않는 비교적 자유로운 펀드라고 볼 수 있다.

반면에 투자한 사람에게 돈을 벌게 하는 펀드에는 자산운용업법상 엄격한 규정이 적용되는데, 이는 돈을 투자한 사람들을 보호하기 위해서이다. 즉, 돈을 굴리는 사람들이 꿀꺽 삼키거나 엉뚱한 곳에 사용할 수 있기 때문에, 펀드에 대한 규정이 매우 엄격하다. 따라서 법적인 테두리 내의 펀드는 투자하는 곳이 까다롭고 그만큼 투자하는 데 제약조건이 많다. 그 대신 돈을 투자한 사람들은 안심하고 이익이 날 때까지 기다릴 수 있다. 그러나 계의 경우 돈을 모으는 계주가 도망가거나 돈을 도둑맞을 경우 돌려받지 못하는 경우가 종종 있다. 결국 어느 곳에 돈을 맡기느냐는 개인의 취향에 달려 있겠지만, 아무래도 법의 감시가 있는 펀드라야 마음 놓고 두 다리 뻗고 편히 잠을 잘 수 있지 않을까?

시장에서 움직이는 펀드의 종류

| 사모펀드와 공모펀드 |

펀드는 돈을 모으는 방식에 따라 사모펀드와 공모펀드로 나눌 수 있다.

사모펀드는 쉽게 얘기하면 알음알음 아는 사람들끼리 돈을 모으는 것을 말하고, 공모펀드는 모르는 사람들끼리라도 이익을 얻는다는 공통된 목적을 위해 돈을 모으는 것을 말한다.

그러나 우리나라에서 만들어지는 공모펀드와 사모펀드는 모두 간접투자 자산운용업법의 적용을 받는다. 사모펀드는 100 명 이내의 투자자를 대상으로 만들어지고, 100명 이상이면 공모펀드로 분류된다.

사모펀드는 모집인이 적기 때문에 투자 규정이 공모펀드보다 덜 까다롭다. 예컨대 공모펀드는 한 주식에 펀드 자산의 10%를 투자할 수 없는 반면, 사모펀드는 이런 규정이 없어서 이익이 나는 곳이면 어디든 투자가 가능하다. 그러나 이런 점 때문에 재벌들의 계열사 지원이나 내부 자금이동 수단으로 악용될 수 있고 검은 자금의 이동에도 사모펀드가 활용될 수 있다.

| 수익증권과 뮤추얼펀드 |

또 제도상으로 펀드를 수익증권과 뮤추얼펀드로 나눌 수 있다.

수익증권은 돈을 운용해주는 회사와 돈을 맡긴 투자자가 계약을 맺어 펀드를 만드는 형태이고, 뮤추얼펀드는 운용사와 돈을 맡긴 투자자가 회사형태로 펀드를 만들어 회사의 주주로 참여하는 형태이다.

결국 수익증권과 뮤추얼펀드는 비슷한 개념이지만, 투자자가 단순 계약자냐 아니면 주주냐에 따라 달라진다. 뮤추얼펀드는 회사로 분류되기 때문에 주식시장에 상장되기도 하고 매년 주주총회도 개최해야 하는 등 펀드 설립과 해지가 회사 세우는 것과 똑같이 까다롭다. 이해하기 어렵다면 수익증권이나 뮤추얼펀드가 크게 다르지 않은 자장면과 간짜장 정도의 차이로 알아두면 된다.

★펀드의 제도상 분류

구 분	투자신탁	투자회사
설립형태	신탁계약	펀드자체가 하나의 주식회사
증권형태	수익증권	주식
거래단위	좌	주
투자자 지위	수익자	주주
특징	다양한 상품 개발가능 펀드의 일반적인 형태	페이퍼 컴퍼니 미국투자신탁의 일반적 형태 설립절차 필요 회사운영비용 소요
		운용의 투명성, 객관성 확보

| 액티브 펀드와 패시브 펀드 |

또한 펀드는 운용하는 방식에 따라 액티브 펀드와 패시브 펀드로 나눌수 있다. 액티브 펀드는 돈을 운용하는 사람의 판단과 능력에 따라 적극적으로 운용하는 방식이고, 패시브 펀드는 특정한 지수를 따라가도록 만들어진 소극적인 펀드를 말한다.

또한 특정한 지수를 따라가도록 만들어졌기 때문에 패시브 펀드를 인덱스 펀드라 부르기도 한다. 두 펀드 중 어느 것이 좋은지는 펀드매니저의 자질과 시장상황, 그리고 투자하는 사람의 성향에 따라 달라진다.

또 액티브 펀드는 펀드매니저의 노력이 많이 들어가는 대신 펀드를 운용하는 데 따른 보수가 비싸고, 패시브 펀드는 펀드매니저가 특별히 좋은 종목을 발굴할 필요 없이 주식시장의 오르고 내림만 그대로 쫓아가면 되므로 상대적으로 수수료가 저렴하다는 장점이 있다.

| 해외펀드와 국내펀드 |

마지막으로 국내에 투자하느냐 해외에 투자하느냐에 따라 국내펀드와 해외펀드로 분류된다. 투자하는 지역만 다를 뿐 방식은 똑같다.

이밖에 돈을 추가로 넣을 수 있느냐 없느냐에 따라 개방형과 폐쇄형으로 나눌 수 있다. 여기에 대해서는 앞으로 상세히 설명한다.

펀드는 펀드가 설정된 이후 투자자들이 돈을 모두 찾아가지 않는 한 계속 운용된다. 그래서 만기가 없이 아무 때나 돈을 넣고 뺄 수 있는 특징이 있다. 그러나 일부 펀드의 경우 만기가 없더라도 일정 기간 동안만 가입을 허용하고 이후에는 가입을 받지 않는 것도 있다. 따라서 펀드에 처음으로 가입할 때는 자신이 가입하고자 하는 펀드가 중간에 돈을 추가로 넣을 수 있는지를 먼저 확인해야 한다. 요즘 나온 펀드들은 대부분 중간에 돈을 추가로 넣을 수 있다.

왕초보 펀드투자 시크릿

| 개방형 펀드와 폐쇄형 펀드 |

이와 함께 처음 펀드에 가입해 돈을 넣은 후 만기 때까지 기다려야 하는 펀드를 폐쇄형 펀드라고 하고, 반대로 돈을 아무 때나 찾을 수 있는 펀드를 개방형 펀드라고 한다.

폐쇄형 펀드는 보통 1년에서 3년까지 특정 기간이 지나야만 돈을 찾을 수 있는데 반해, 개방형 펀드는 만기가 3년이라 하더라도 가입한 이후 아무 때나 돈을 찾을 수 있다. 그러나 개방형 펀드는 투자자들이 아무 때나 돈을 찾아가 운용이 방해되는 것을 막기 위해 3개월이나 6개월 정도가 지나야 돈을 찾을 수 있다는 단서를 달아놓은 것도 있다. 즉, 이 기간보다 빨리 돈을 찾아가면 이익금의 일정부분을 판매수수료로 물어야 한다. 이렇게 떼인 환매수수료는 다시 펀드자산으로 편입돼 운용되므로 기존의 가입자에게 좋은 일을 하게 되는 셈이니 돈을 찾을 때는 이런 점을 주의해야 한다.

★ 사례로 보는 펀드의 종류

펀드명	미래에셋3억만들기인디펜더스주식 K-1
펀드 유형	주식형, 성장형
적정 운용기간	6개월
판매수수료	90일 미만 : 이익금의 70 % 징수
보수율	총 보수 0.72 %
판매사	미래에셋
운용사	미래에셋
수탁사	우리은행
설정잔고	320억
최초 설정일	2005년 8월 11일
실현수익률	연 85.99%

실제로 펀드 가입 안내서나 자료에 나와 있는 내용을 통해 구체적으로 펀드의 종류가 어떤 것인지 알아보도록 하겠다.

위의 펀드 이름은 '미래에셋3억만들기 k-1호'로 이름에서 주식형, 성장형 펀드 내용을 한눈에 알 수 있다. 또 불특정 다수를 대상으로 한 공모 펀드이고, 개방형이기 때문에 펀드에 가입한 후 돈을 아무 때나 찾을 수 있다. 그리고 추가형이니 펀드에 가입한 이후라도 추가로 돈을 더 투자할 수 있는 상품이다.

그런데 여기서 환매수수료를 눈여겨 볼 필요가 있다. 가입한 후 90일

이내에 돈을 찾을 경우, 펀드에서 난 이익금의 70 %를 수수료로 물어야

한다. 거꾸로 말하면 이 펀드는 최초 가입시점 이후 최소 90일이 지나야

환매수수료를 물지 않고 펀드에서 돈을 찾을 수 있다는 뜻이다

펀드의 3가지 매력

펀드의 매력은 무엇보다도 한 종목에 투자하는 데 따른 위험을 줄일 수 있다는 것이다.

주식펀드의 경우 한 펀드에 보통 30~40개 정도의 종목이 들어 있는데 이 같은 서로 다른 종목들이 저마다 주가 오름폭이 달라 한 종목의 주가가 떨어지더라도 다른 종목들이 오르면 손실을 최소화할 수 있다.

또 펀드의 경우 주가가 급락하거나 급등하는 등 시장상황이 변할 때마다 펀드매니저가 알아서 관리해주기 때문에 펀드에 투자한 개인들은 직접투자처럼 골머리를 앓을 필요가 없다.

여기에 은행금리 이상의 수익이 가능하다는 점도 요즘같이 저금리에 목말라하는 투자자들에게 적합하다. 은행금리가 연5~6%인데, 이것마저 이자소득세 빼고 물가상승률을 감안하면 실질금리가 마이너스인 시대에,

펀드투자는 잘 하면 1년에 은행금리 이상의 높은 고수익을 올릴 수 있다. 실제로 국내 한 주식펀드의 경우 3년 동안 150%에 달하는 놀라운 수익을 올렸다. 3년 전에 1억 원을 맡겼다면, 지금은 2억 5천만 원이 된 셈이다.

| 분산투자가 가능 |

펀드의 또 다른 장점은 펀드 자체의 분산투자가 가능하다는 데 있다. 주식뿐만 아니라 채권펀드, 혼합펀드, 해외펀드, MMF 등 여러 펀드에 분산해서 투자함으로써 펀드에 투자하는 데 따른 위험을 줄일 수 있다.

또 하나 빼놓을 수 없는 장점은 적은 금액으로 투자가 가능하다는 것이다. 10만 원으로 은행 예금처럼 펀드투자를 시작할 수 있고, 돈이 생길 때마다 은행 예금처럼 펀드통장에 돈을 넣을 수도 있다. 물론 이 경우는 돈을 예치하는 게 아니라 투자하는 것이므로, 원금이 일부 깨질 수 있지만, 단기가 아닌 장기로 투자할 경우 원금손실 가능성은 매우 낮아진다. 미국에서는 부모들이 어린 자녀들의 학자금을 마련하기 위해 어릴 때 어린이 이름으로 펀드통장을 만든 후 수십 년간 은행 예금처럼 펀드에 투자한 사례가 많을 정도로 펀드투자가 보편화돼 있다.

마지막으로 개인투자가들은 외국인과 국내 기관투자가의 정보 분석력을 따라갈 수 없다. 간혹 소규모 투자그룹을 만들어 공동으로 주식투자에 나서기도 하지만, 내가 아는 투자그룹들은 작전에 휘말리는 경우가 대부분이고, 제대로 된 기업방문이나 분석력을 갖추지 못하고 있다. 따라서 펀드투자는 이런 단점을 극복하고 투자전문가에게 돈을 맡김으로써 좀더 안전한 돈 관리를 할 수 있다는 점이 매력이다.

다른 상품과 비교한 펀드의 장단점

| 펀드투자와 주식투자와의 비교 |

소액으로, 또한 초보자라면 직접투자보다는 금융상품을 통한 간접투자에 눈을 돌려보는 것이 좋다.

주식투자에 관심을 갖고 있는 사람들은 많다. 하지만 주식투자의 경우, 성공한 투자자보다 실패한 투자자가 더 많다. 통상 주식투자를 하다 보면 그때 팔 걸 혹은 그때 살 걸 하면서 후회하는 경우가 많은데, 예측할 수 없는 것이 주식시장이기 때문이다. 더군다나 주식시장이 예측대로 움직인다고 하더라도 투자자의 마음이 시장 분위기에 따라 움직일 수 있기 때문에 주식투자로 돈을 벌기란 참 어렵다.

개관적으로 수익률만 놓고 본다면, 주식에 직접 투자한 것이 수익성이 더 클 수 있으나 투자위험이 크다는 점을 고려할 필요가 있다.

주식형 펀드란 주식 및 주식관련 파생상품에 신탁재산의 60% 이상을 투자하는 상품으로 큰 수익을 얻고자 하는 고성장 추구형 상품이라 할 수 있다. 따라서 주식형 투자신탁은 매우 공격적이며 주식시장의 하락에 따라 손실을 입을 위험이 높다. 이 유형의 상품은 다른 상품에 비해 수익률 변동 폭이 커서 위험을 감수하더라도 공격적인 투자성향을 가진 투자자에게 유리한 상품이다

인간은 누구나 본질적으로 수익이 적고 확실한 것보다는 다소 불확실하나 이윤이 더 높은 것에 매력을 느낀다. 그렇기 때문에 투기적인 모험을 즐기게 되는 것이다.

특히 주식투자의 경우, 높은 수익을 얻을 수 있다는 점이 투자자들에게 큰 매력이 되는 요소이다. 하지만 그 이면에는 엄청난 손실을 입을 수도 있다는 점을 항상 인식해야 한다.

이제 결론적으로 보았을 때 직접 투자와 간접 투자 중 어느 쪽이 더 유리할까? 명확한 결론은 없다. 사실 최고 수익률을 가지고 비교한다면, 당연히 직접투자가 월등히 유리하다.

그러나 전체적인 평균치로 본다면, 간접투자 쪽의 수익률이 더 높다는 것이 조사를 통해 여러 차례 증명되었다. 결국 직접투자에 확신이 없을 경우 간접투자를 선택하는 것이 더 유리하다는 얘기다.

최근 은행예금보다도 인기 있는 펀드로 주가지수연계증권(ELS)을 들수 있는데, 그 이유는 원금보전이 가능하면서 주가 등락에 따라 더 높은수익을 기대할 수 있다는 점 때문이다.

안정성 면에서는 은행의 정기예금이 가장 안정적 투자대상이라고 할 수있다. 그럼에도 불구하고, ELS 펀드가 관심을 끄는 것은 역시 수익률 때문이다.

예금이나 적금 모두 안정성 면에서는 펀드에 투자하는 것보다 월등히좋지만, 수익성 면에서는 그렇지 못하기 때문에 요즘 은행권에서는 적금처럼 매달 일정액을 적립하여 투자위험을 최소화한 비교적 안정한 적립식 펀드들이 많이 판매되고 있다.

적립식 펀드는 은행의 적금과 투자의 장점을 결합한 재테크 상품으로,투자시기를 골고루 분산하여 투자위험을 낮출 수 있는 이점이 있다.

적립식 펀드에 투자하면 종목분산, 시간분산, 장기투자를 통해 시장의변동성을 축소시키는 장점이 있다. 따라서 단기간에 목돈을 마련하고자한다면, 적립식 펀드보다는 은행의 세금우대 적금을 이용하는 게 차라리낫다.

Part.

3

SECRET

펀드 관리자와 관리 방법

펀드 운용하는 곳과 판매하는 곳

펀드를 알려면 펀드를 운용하는 곳과 판매하는 곳, 그리고 펀드를 평가하는 곳을 알아야 한다.

먼저 펀드를 최초로 만드는 곳이 자산운용사인데, 자산운용사들은 보통 자신들의 필요에 의해 펀드를 만들기도 하고, 또 고객들이 먼저 "이런 펀드를 만들어 주세요"라고 요구하면 그에 따라 상품을 만들기도 한다. 즉, 운용사는 펀드를 만들고 이를 운용하는 회사이다.

현재 자산운용업협회에 등록된 회원사 수는 43개이다. 이들 회원사들은 자산운용과 관련된 업무를 하는 회사들로 자산운용업협회에 입회신청서를 제출하고 이사회의 승인을 거쳐서 최종 회원사의 자격을 얻게 된다. 한편 자산운용사뿐만 아니라 은행과 보험도 펀드를 운용하고 있는데 새로운 자산운용업법에는 은행과 보험사들도 회원이 될 수 있다고 규정하고 있다. 따라서 자산운용업협회의 회원사 수는 앞으로 더 늘어날 전망이다.

새로운 자산운용업법이 도입되기 전에는 투신운용사는 수익증권과 뮤추얼펀드를 모두 취급할 수 있고, 자산운용사는 뮤추얼펀드만 취급하는 곳이었다. 쉽게 말하면 투신운용사가 자산운용사보다 자본금이나 운용자산이 더 크다고 할 수 있었다. 그러나 새 법이 도입되고부터 이런 구분이 없어졌다. 즉, 자산운용사들도 자본금 100억 원 이상이면 수익증권을 취급할 수 있게 됨으로써 투신운용사와 자산운용사의 구분이 없어진 것이다.

그렇다면 투자자문사는 무엇일까?

투자자문사는 한마디로 자산운용사보다 작은 운용회사로 보면 된다. 자문사는 일반인을 대상으로 한 공모펀드보다는 주로 거액 고객들을 상대로 한 사모펀드를 운용한다.

펀드매니저

운용사에서 펀드를 직접 운용하고 관리하는 사람들이 바로 펀드매니저이다. 이들은 시시각각 변하는 시장상황에서 어떻게 고객들의 돈을 잘 굴려 수익을 낼 수 있을까 고민하는 펀드운용의 핵심 멤버들이다. 이들을 다른 말로 '운용역'이라고도 하며, 자산운용업협회가 주관하는 운용전문인력 시험을 통과해야 펀드매니저가 될 수 있다. 1

투신운용사의 경우 7명, 자산운용사는 5명, 투자자문사는 4명 이상 운용전문 인력을 확보하도록 법제화되어 있다.

펀드매니저는 운용하는 자산의 종류에 따라 크게 주식펀드매니저와 채권펀드매니저로 나눌 수 있다. 물론 파생상품이나 실물자산을 운용하는 펀드매니저도 있지만, 펀드매니저 하면 가장 먼저 떠오르는 사람이 바로 주식펀드매니저이다.

펀드 판매사

　판매사는 펀드를 파는 편의점이라고 할 수 있다. 보통 은행과 증권사에서 펀드를 파는데, 새로운 자산운용업법의 도입으로 이제는 보험사에서도 펀드를 팔 수 있게 됐다. 고객들에게 펀드를 파는 것뿐만 아니라, 펀드의 사후관리나 고객들의 애로사항 등을 해결해주는 역할도 한다. 요즘은 펀드를 운용하는 운용사보다 펀드를 판매하는 증권사나 은행들의 파워가 더 세다. 그 이유는 운용사가 아무리 좋은 펀드를 만들어 운용한다 하더라도 이를 팔 판매사를 찾지 못하면 아무 소용이 없기 때문이다. 그래서 운용사는 판매력이 좋은 은행이나 증권사를 찾아다니느라 애를 쓰게 된다. 또 판매사의 판매 능력과 노하우에 따라 펀드의 판매 규모가 달라지기 때문에 좋은 판매사를 확보하기 위한 운용사들의 경쟁도 치열하다. 실제로 모 외국계 은행이 판매사가 되면 대부분의 펀드가 베스트셀러가 될 정도로 판매사의 역할은 매우 중요하다.

똑같은 펀드를 팔아도 판매사에 따라 판매 성적이 달라질 수 있다. 펀드 판매에 따른 보수를 판매사와 운용사가 7 : 3 정도로 나누는 것만 봐도 판매사의 파워가 더 세다는 것을 알 수 있다. 그러나 앞으로는 은행과 증권, 보험사뿐만 아니라 자산운용사도 펀드판매가 가능해질 예정이다. 특히 본점의 영업창구는 물론 인터넷 홈페이지와 우편, 전화로도 판매 펀드가 가능해져 투자자들은 그만큼 펀드를 쉽게 접할 수 있다.

우리나라의 대표적인 펀드 판매사로는 증권사의 경우 삼성증권과 LG 투자증권, 대우증권, 현대증권, 한국투자증권, 대한투자증권 등이 있고, 국내 은행으로는 국민은행과 하나은행, 우리은행 등이 외국계 은행으로는 씨티은행과 HSBC 등이 있다.

펀드를 운용하는 곳과 판매하는 곳을 별도로 두는 이유는 무엇일까? 그만큼 펀드운용의 투명성과 안정성을 보장하기 위해서라고 보면 된다.

판매사들은 나름의 판단에 따라 어떤 펀드를 고객에게 판매할 것인지를 결정하기 때문에 펀드를 운용하는 측에서는 더욱 더 책임감을 가지고 펀드를 운용하게 된다. 또한 시중은행이나 보험사와 같이 전국적인 판매망을 가진 기관이 판매를 대행해주기 때문에 펀드운용사는 펀드운용이라는 본업에 더욱 매진할 수 있는 장점도 있다.

펀드 평가사

그렇다면 펀드의 좋고 나쁨은 누가 측정할까?

아무리 값비싼 다이아몬드도 이를 감정해주는 평가사가 없으면 한낱 돌덩이에 불과하듯 아무리 좋은 펀드도 이를 객관적이고 공정하게 평가해주지 않으면 투자자들에게는 무용지물이나 다름없다. 따라서 펀드의 객관적인 평가는 운용 못지않게 중요하며 이런 펀드평가를 담당하는 곳이 펀드평가사들이다.

펀드 평가사들은 펀드의 수익률 측정은 물론, 해당 펀드의 위험과 포트폴리오 분석, 운용사의 운용능력, 펀드매니저의 자질 등을 종합적으로 평가한다. 또 이들 평가사들은 펀드와 관련된 데이터를 투자자나 펀드 판매사, 운용사에 정기적으로 제공해주는 역할을 한다. 한마디로 펀드 감정사인 셈이다. 펀드 평가사들이 없으면 공정한 펀드 평가를 할 수 없고, 운용사들이 자의적으로 수익률을 부풀려 조작할 수 있는 만큼 공정하게 펀드를 평가하는 평가사들의 역할은 더욱 중요해지고 있다.

현재 우리나라에는 제로인과 한국펀드평가, 그리고 모닝스타코리아 이렇게 3곳이 평가업무를 하고 있다.

주의할 점은 3곳 평가사들이 서로 독자적인 펀드 평가모델을 가지고 있기 때문에 한 펀드평가회사에서 우수한 펀드로 평가받았더라도 다른 평가사에서는 그렇지 않을 수도 있다는 사실이다. 따라서 3곳 평가사에서 고르게 우수한 점수를 받은 펀드를 고르는 것이 좋다. 펀드평가사들의 홈페이지를 방문해보면 펀드 평가와 관련된 좀더 많은 정보를 얻을 수 있다.

펀드 관리자와 관리 방법

펀드 수탁사

수탁사란 펀드에 들어온 돈을 안전하게 보관, 관리해 주는 곳이다.

펀드에 돈이 들어오면 운용사들이 돈을 가지고 있는 것이 아니라 부정을 방지하기 위해 고객들의 돈은 안전한 수탁사로 이동해 보관된다. 즉, 펀드를 운용하는 운용사들은 실제로 돈을 가지고 있는 것이 아니라 돈은 따로 안전하게 보관하는 것이다. 수탁사는 이와 함께 자산운용사들이 고객의 환매에 응하기 위해 주식이나 채권을 팔면 즉시 돈을 내주어야 한다.

수탁사의 역할은 보통 은행이 수행하는데, 새로운 간접자산운용업법이 도입된 후 수탁사의 기능은 단순히 돈을 보관 관리하는 일 뿐만 아니라 운용사가 운용을 제대로 하고 있는지 감시하는 등 그 역할이 점차 강화되고 있다.

수탁사들은 고객의 돈을 보관 관리해주는 대가로 일정금액의 수수료를

받는데 보통 운용보수의 0.03~0.05%로 생각보다 크지 않다. 주요 수탁

은행으로서는 국민은행과 하나은행, 우리은행 등이 있다.

Part.

4

SECRET

펀드 투자의 위험과 수익

고위험 고수익 펀드

먼저, 위험이 큰 만큼 수익도 큰 고위험 고수익형, 위험이 적은 대신 수익도 적은 저위험 저수익형, 그리고 투자한 원금만큼은 깨지지 않도록 만들어진 원금보전형 등으로 크게 분류된다.

고위험 고수익형은 주식에 투자되는 것이 보통이고, 저위험 저수익형은 부도가 나지 않는 국공채나 부도 날 가능성이 적은 우량 회사채 등 주로 안전한 채권에 투자된다.

그리고 투자 상품이라는 이름에 걸맞지 않게 원금이 거의 깨지지 않도록 만들어진 원금 보전형은 형태에 따라 여러 종류가 있지만, 주로 채권을 할인해서 사고 남은 돈으로 옵션 등 파생상품에 투자해 추가 수익을 내는 것들이다. 잘하면 은행금리 이상의 수익을 얻을 수 있지만, 잘못하면 원금만 건지는 구조이다. 따라서 세상에는 공짜가 없다. 위험도 적고 수익이

높은 펀드가 있다면, 아마 그 펀드로 전세계의 돈이 몰리겠지만, 불행인지

다행인지는 몰라도 아직까지 그런 상품은 이 세상에는 존재하지 않는다.

왕초보 펀드투자 시크릿

주식형, 채권형, 혼합형 펀드, MMF의 위험과 수익

주식이 거의 들어 있는 것이 주식형펀드이고, 회사채나 국공채에 분산하여 투자한 펀드가 채권형펀드이고, 주식과 채권이 얼마나 많이 들어 있느냐에 따라 다른 것이 혼합형 펀드이다.

| 주식형 펀드 |

주식형은 말 그대로 펀드에 주식이 거의 대부분 들어 있는 것을 말한다.

주식이 많이 들어 있으니 당연히 위험이 높을 수밖에 없다. 보통 우리나라에서는 펀드에 주식이 60 % 이상 들어 있어야 주식형펀드로 분류하고 있다.

또 주식이 들어 있는 비율이 50~60 %이면 주식혼합펀드, 주식이 50 % 이하로 들어 있고 나머지는 채권으로 구성되어 있으면 채권혼합펀드라고 한다. 결국 주식이 얼마나 들어 있느냐, 즉 대부분이 주식이냐 아니냐에 따라 펀드 형태가 달라진다고 보면 무리가 없을 것 같다.

★ 실제 운용중인 주식형 펀드의 예

운용사	펀드	설정일	순자산	주식비중	수익률		판매사
					3개월	1년	
미래에셋 자산	미래 인디팬던스 주식형1	2005. 08.11	2.398	88.94	27.49	85.99	미래에셋증 권, 한투증권
삼성증권	삼성착한 이주식1-A	2006. 09.11	617	84.82	16.52	47.99	푸르덴셜증 권
동양투신	온국민 뜻모아주식 1	2002. 01.11	351	86.15	12.00	52.75	동양오리온 증권
대한투신	GK블루칩 바스켓주식 V-1	2002. 03.08	726	86.95	13.16	51.27	대투증권

| 채권형 펀드 |

채권형은 회사채나 국공채에 분산하여 투자하는 펀드를 말한다.

우리나라 채권관련 펀드는 모두 채권에 펀드자산의 60 % 이상을 투자하고 나머지 40 % 이하를 현금성자산에 투자할 수 있도록 되어 있다.

채권펀드에는 어떤 채권을 사느냐에 따라 국공채펀드와 회사채펀드로 나눌 수 있다. 회사채펀드는 회사채를 발행하는 기업의 신용도에 따라 또 나누어지기도 한다. 보통 부도가 날 위험이 있는 회사채펀드가 부도가 날 위험이 없는 국공채펀드보다 금리를 더 쳐서 준다. 다시 말해 부도가 날 수 있는 위험을 금리와 맞바꾸는 셈이다.

★주요 채권형 펀드 수익률

*(단위 : 억원, %, 10월 31일)

펀드명	운용사	순자산액	1개월	3개월	5개월
개인연금공사체7	한국	230	0.36	0.92	1.79
도이치코리아채권1-1ClassA	도이치	1,002	0.46	1.06	2.23
미래에셋솔로몬국공채1(CLAAS-A)	미래에셋자산	219	0.38	1.07	2.10
삼성우량채권1	삼성	429	0.40	0.90	1.82
안심국공채KM 1B	푸르덴셜	158	0.53	1.25	2.40
푸르덴셜정통액티브채권1B	푸르덴셜	169	0.63	1.23	2.68
하나UBS증기채권(제2호)	하나UBS	106	0.46	1.33	2.68
CJ굿초이스채권1	CJ	122	0.52	1.18	2.55

펀드명	운용사	설정일	설정액	6개월	1년
한국밸류10년투자주식1	한국밸류	06-04-18	6,178	41.16	62.06
동부THECLASS주식1ClassC1	동부	05-11-17	125	35.40	51.82
미래에셋3억만들기중소형주식1(ClassA)	미래에셋(자)	06-01-26	724	43.91	55.84
미래에셋인디팬던스주식형(2ClassA)	미래에셋(자)	06-10-19	4,990	31.39	
동양중소형고배당주식	동양	05-03-08	588	39.11	72.37
미래에셋드림타겟주식형	미래에셋(자)	03-11-03	385	35.54	52.96
신영마라톤주식(A형)	신영	02-04-25	2,268	32.51	48.50
삼성배당주장기주식1	삼성	05-05-10	428	37.80	51.94
신영마라톤주식F1	신영	05-12-01	119	32.07	47.46
미래에셋솔로몬성장주식1	미래에셋(자)	02-03-30	1,838	32.98	48.58

펀드 투자의 위험과 수익

| 혼합형 펀드 |

한편, 혼합형은 앞에서 설명한 대로 주식과 채권을 어떤 비율로 섞느냐에 따라 다르다. 주식이 많이 들어가 있으면 주식혼합형, 채권이 많이 들어가 있으면 채권혼합형이라고 한다. 주식이 많이 들어가 있으면 위험이 큰 반면, 채권이 많이 들어가 있으면 상대적으로 안전하다고 보면 된다. 외국에서는 주식과 채권혼합펀드를 일컬어 밸런스드펀드라고 하기도 한다. 말 그대로 주식과 채권을 균형 있게 섞었다는 의미로 해석될 수 있다.

★실제 운용중인 혼합형 펀드의 예

펀드명	운용사	설정액	3개월	6개월	1년
미래에셋퇴직플랜안정형40자 1	미래에셋자산	245	5.48	17.08	25.06
삼성배당플러스30혼합 2	삼성	1,478	4.00	14.72	21.29
미래에셋디스커버한아름 1	미래에셋자산	339	5.35	14.17	19.83
한국부자아빠배당플러스A채권혼합형W-1	한국	232	4.27	14.49	10.13
ING미래만들기배당안정혼합일반 2	랜드마크	292	2.26	12.05	18.44
CJ카멜레온배당혼합 1	CJ	482	4.22	13.69	17.96

| MMF |

MMF는 Money Market Fond의 약자로 주로 만기가 짧은 단기채권이나 기업어음, CD, 콜 등과 같은 현금성 자산에 투자하는 펀드를 말한다.

보통 채권형 펀드에 비해 투자기간이 짧고, 투자위험이 상대적으로 낮은 게 특징이다. 또 하루만 맡겨도 4 %대의 이자를 주기 때문에 갈 곳을 모르는 시중 자금이 MMF에 몰리기도 한다. 국내 MMF는 수시로 가입과 환매가 가능한 신종MMF와 가입 이후 한 달 이내 환매시 수수료를 부과하는 클린MMF로 구분된다.

MMF의 가장 큰 장점은 펀드에 들어 있는 채권을 시시각각 변하는 시장가격이 아닌, 당초 정해진 수익률에 따라 평가하는 장부가 방식이기 때문에 상대적으로 안정된 수익을 얻을 수 있다는 점과, 수시로 돈을 넣었다가 뺄 수 있다는 데에 있다. 그러나 이 같은 MMF도 원금이 깨질 수 있음을 항상 명심해야 한다. 따라서 안전한 국공채가 들어 있는 MMF에 투자하는 것이 좋다.

★ 펀드의 기본 분류

구 분		상 품 주 요 내 용
기본 분류	주식형펀드	신탁자산 총액의 60 % 이상을 주식 및 주식관련 파생상품에 투자
	채권형펀드	신탁재산 총액을 채권 및 유동성 자산에 투자
	혼합형펀드	주식과 채권을 혼합해 투자
	MMF펀드	신탁자산 총액을 단기채권 및 유동성자산에 투자

★ 실제 운용중인 MMF 펀드의 예

운용사	펀드	설정일	순자산	채권비	수익률		판매사
					1개월	3개월	
KB자산	KB국공채 신종 MMF104	2003. 03.14	33,323	0.0	0.86	1.73	국민은행
푸르덴셜 자산	골드국공채 신종MMF KM3	2003. 06.18	31,874	38.5	0.93	1.89	푸르덴셜, LG
삼성투신	삼성신종 MMF D-2	1999. 04.28	27,218	19.9	0.87	1.76	삼성증권
제일투신	BG&SAFF 공채신종 MMF	2003. 12.11	18,378	30.5	0.94		LG,SK, 교보
대한투신	신종MMF S-52	2003. 03.18	15,086	47.0	47.0	1.93	대투증권

전환형펀드, 엄브렐러펀드

| 전환형펀드 |

전환형펀드는 투자기간을 보통 1 년이나 3 년으로 정하고 주식펀드가 일정한 목표수익률을 달성하면 채권펀드로 운용방법을 바꿔서 주식에서 달성한 수익률을 보존하는 전략을 사용하는 상품이다. 예컨대, 1 년 만기 전환형펀드가 주식운용으로 10 %의 목표수익률을 1개월 만에 달성했다면, 남은 11 개월 동안은 채권형으로 전환돼 10 %의 수익률을 만기까지 유지하는 형태로 운용된다.

이 펀드의 장점은 만기 전에 목표 수익을 달성할 경우 만기 때까지 수익률을 보존한다는 점이지만, 목표수익률을 달성하지 못하면 채권으로 전환되지 못하고 주식으로 계속 남아 있을 수 있는 위험이 있다.

투자자들은 주식펀드에 가입했다가 목표 수익률에 도달하면 환매해서 안전한 채권펀드로 다시 가입할 수 있기 때문에 군이 전환형 펀드에 가입할 필요는 없다. 그러나 전환형펀드는 운용사가 알아서 목표수익률에 도달하면 자동으로 채권형으로 전환해주기 때문에 편리하다는 점에서 투자자들의 관심을 끌고 있다.

| 엄브렐러펀드 |

엄브렐러펀드는 말 그대로 우산형펀드이다. 한 우산 안에 여러 개의 살이 있듯이, 엄브렐러펀드 안에는 주식형과 채권형, MMF 등 대여섯 개의 다양한 하위펀드가 있다. 따라서 시장상황에 맞게 투자자들이 이 하위펀드를 갈아탈 수 있도록 만들어졌다. 예컨대, 주식이 바닥이면 주식형으로 운용해서 주가가 오르면 이익을 많이 남긴 후 MMF로 갈아타 원금과 이자를 지킬 수 있고, 금리가 앞으로도 계속 내릴 것으로 예측되면 채권펀드로 옮겨 수익을 높일 수 있다. 엄브렐러펀드는 보통 서너 차례 정도 펀드를 갈아타도 이에 따른 벌금을 물지 않기 때문에 시장상황에 능동적으로 대처할 수 있는 투자자에게 적합한 상품이다.

요즘 나오는 엄브렐러펀드는 주가가 하락하면 이익이 나도록 만들어진 리버스인덱스펀드도 하위펀드에 포함하고 있다. 즉, 주가가 오를 것 같으면 인덱스펀드에 가입했다가 주가가 떨어지기 시작하면 리버스인덱스펀드로 갈아타는 구조이다. 그러나 어떤 상품으로 갈아타는지는 펀드매니저가 정해 주는 것이 아니라 투자자 자신이 결정해야 한다는 점에서 주식이나 금리, 환율 등 경제상황에 둔감한 투자자는 손실을 키울 수 있다는 점을 명심하기 바란다.

★ 실제 운용중인 엄브렐러 펀드의 예

펀드명	운용사	대표유형	설정액	3개월	6개월	1년	2년
퍼펙트엄브렐러인덱스주식	푸르덴셜자산	인덱스	224	0.21	10.75	42.78	7.25
BuyKorea프리미 엄브렐러MM	푸르덴셜자산	신종	703	0.81			
BuyKorea프리미 엄브렐러나폴	푸르덴셜자산	성장형	227	-1.02			
BuyKorea프리미 엄브렐러BUL	푸르덴셜자산	인덱스	296	5.48	1.00		
원원엄브렐러블루칩주식	대한투신	성장형	1	0.74	13.07	48.64	17.85
원원엄브렐러정보통신 주식	대한투신	섹터	4	9.76	26.23	61.02	14.48
원원엄브렐러가치우량 주식	대한투신	성장형	1	3.60	17.98	53.00	17.75

펀드 투자의 위험과 수익

적립식펀드

요즘 선풍적인 인기를 모으고 있는 펀드이다. 펀드라기보다는 펀드에 투자하는 방법이라고 하는 것이 옳다.

적립식펀드 상품이라고 금융회사들이 광고하고 있지만, 실상 알고 보면 주식형펀드나 채권형펀드에 매달 일정한 액수의 돈을 불입하는 형태로 이루어져 있다. 결국 적립식펀드는 은행 적금처럼 매달 일정한 금액을 주식이나 채권에 불입함으로써 시장상황이 바뀌는 데 따른 위험을 피하기 위해 만든 투자 방법일 뿐이다.

적립식펀드의 가장 큰 장점은 목돈이 없어도 펀드투자를 시작할 수 있다는 점과 시장상황에 관계없이 일정한 돈을 일정한 기간 동안 계속 불입함으로써 주식이나 채권의 매입단가를 낮추는 효과를 기대할 수 있다는 점이다.

따라서 매달 10만 원씩 3년 동안 주식펀드에 투자할 경우, 주가가 높을 때도 사고 낮을 때도 사서 주식의 매입단가를 낮춤으로써 수익을 극대화하게 된다. 실제로 적립식투자는 미국이나 다른 선진국에서도 권유하는 투자방식으로 금융시장의 변동성을 피하는 데 있어 가장 효과적이라고 입증됐다. 단, 1년 미만의 단기투자로는 적립식 효과를 보기 힘들고, 최소 3년 이상 장기투자를 계획할 때 알맞은 투자방법이다. 따라서 자녀학자금 마련이나, 새내기 직장인의 주택자금 마련 또는 노후대비 자금 마련 등에 적절히 이용하면 좋은 효과를 기대할 수 있다.

인덱스펀드

인덱스펀드를 이해하기 위해서는 먼저 인덱스의 개념부터 알아야 한다.

보통 주식시장이 오르느냐 내리느냐는 거래소와 코스닥시장의 종합주

가지수를 보면 알 수 있다. 인덱스는 이런 종합주가지수라고 생각하면

된다.

주식시장에는 다양한 인덱스들이 존재하는데, 종합주가지수가 대표적

이고, 200개의 우량종목만을 모아 놓은 KOSPI200과 종목 50개로 구성

된 KOSPI50, 배당이 높은 종목들의 주가 움직임을 지수화한 배당지수,

그리고 지배구조가 우수한 기업들로 구성된 기업지배구조지수 등이 대표

적이다.

★ 실제 운용중인 인덱스 펀드의 예

펀드명	운용사	설정일	설정액	6개월	1년
인덱스펀드					
유리인덱스펀드200주식파생상품B	유리	01-03-06	263	20.45	35.60
교보파워인덱스파생상품1-B	교보	06-03-21	3,003	20.37	36.05
KBe-무궁화인덱스파생상품	KB	06-01-20	299	20.03	35.53
삼성인덱스프리미엄주식파생상품A	삼성	01-09-11	663	20.30	35.44
KB코리아인덱스파생상품(Class3-c)	KB	06-08-28	313	19.70	

물론, 코스닥 종합주가지수나 우량종목만을 모아 지수로 표시한 스타지수 등도 이에 해당된다. 인덱스펀드는 이런 인덱스들의 움직임을 좇아가도록 만들어진 펀드를 말한다. 그러니까 다른 것은 신경쓸 필요 없이 이런 주요지수들을 그대로 따라가기만 하면 인덱스펀드의 임무는 끝나는 셈이다.

인덱스펀드의 가장 큰 장점은 주가가 오르고 내리는 데만 신경쓰면 된다는 점과, 수수료가 다른 펀드보다 저렴하다는 데 있다. 또 일부에서는 펀드매니저가 아무리 주식펀드를 잘 운용해도 장기적으로 인덱스펀드를 앞지를 수 없다는 말을 할 정도로 칭찬하기도 한다. 인덱스 투자는 펀드매니저가 적극적으로 좋은 종목을 발굴해서 투자하는 방식과 대비되는 개념으로 외국에서는 인덱스펀드를 수동적 펀드, 그리고 일반적인 주식형 펀드를 능동적 펀드라고 칭하기도 한다.

★ 펀드별 장단점 비교

펀드	장 점	단 점
주식형	주가가 오르면 높은 수익이 가능하다	주가가 하락하면 원금손실이 발생할 수 있다
채권형	주식보다 상대적으로 안전하다	높은 수익을 기대하기 힘들다
혼합형	주식의 고수익과 채권의 안전성을 겸비했다	굳이 혼합형에 투자할 필요없이, 주식에 절반, 채권에 절반 투자하면 된다
MMF	하루만 맡겨도 4%대의 이자를 지급한다. 상대적으로 안전하다	1년을 맡겨도 4%대의 이자밖에 안 된다
전환형	목표수익률에 도달하면 체권형으로 전환돼 수익률을 지킨다	목표수익률을 달성하지 못하면 주식으로 계속 남을 수 있다
엄브렐러형	시장상황에 맞게 수수료없이 다른 펀드로 갈아탈 수 있다	갈아타는 타이밍을 놓치면, 손실이 발생할 수 있다. 전문가 아니면 힘들다
적립식형	소액으로 투자가 가능하며 시장위험을 효과적으로 피할 수 있다	단기간에 수익을 내기 힘들다
인덱스형	주식시장이 오른 만큼 수익이 난다. 수수료가 저렴하다	주식시장이 하락한 만큼 손실이 난다

왕초보 펀드투자 시크릿

5

펀드의 종류

수익증권과 뮤추얼 펀드

앞에서 잠시 언급했지만, 펀드는 법률적 형태에 따라 '계약형'과 '회사형'으로 나눌 수 있다. 그리고 통상 '계약형 = 수익증권', '회사형=뮤추얼 펀드'라고 사용한다. 그러나 이 둘은 펀드라는 몸통에 서로 다른 옷만 입혔을 뿐 실질에 있어서는 구별의 실익이 없다. 운용 성과가 좋은 것이 좋은 펀드이기 때문이다.

그러나 어차피 말이 나왔으니 둘의 차이점을 간단히 비교해 보겠다.

수익증권이라 부르는 계약형은 법률적으로는 자산운용회사와 수탁회사가 펀드 설립에 대한 계약을 하게 된다. 그리고 그 계약조건에 따라 투자자를 모집해 투자금을 받으면 펀드의 수익권으로 수익증권을 투자자에게 배부한다. 즉, 투자자는 펀드의 수익권만을 갖는 것이다. 과거 투신운용회사와 자산운용회사로 운용회사들이 구별되었을 때에는 투신운용회사만 취급할 수 있었다.

반면에 뮤추얼펀드라고 부르는 회사형은 투자자의 자금을 모아 별도의 회사를 만드는 것이다. 물론 이 회사는 투자만을 행하며 일반적인 회사에서 하는 영업 활동은 하지 않는다. 전문용어로 서류상의 회사이다. 뮤추얼펀드의 운용은 자산운용회사에서 하게 된다. 뮤추얼펀드라는 용어는 일반적으로 미국에서 증권투자를 주목적으로 설립된 개방형 회사형 펀드를 지칭하는 것으로 사용된다.

우리나라에서는 펀드 시장 초 초창기부터 수익증권 형태의 계약형펀드가 도입되어 발전해 왔다. 그러나 계약형의 경우 투자자 입장에서 펀드 운용을 감시한다는 점에서는 취약점을 가지고 있었다.

반면 회사형에서 펀드투자자는 단순한 수익권을 갖는 것이 아니라 뮤추얼펀드라는 회사의 주주로서 역할을 할 수가 있다. 비록 서류상의 회사라 하더라도 뮤추얼펀드는 이사회와 감사를 두고, 주주총회를 통해 펀드를 감시할 수도 있다. 경우에 따라서는 주주총회를 통해 운용회사도 교체할 수 있는 힘이 있다.

하지만 '투자자 = 주주' 구조인 뮤추얼펀드에 있어서도 실질적인 감시 역할은 거의 하지 못하고 있는 실정이다. 사실상 수익증권의 투자자와 별로 다를 것이 없는 형편이다. 더욱이 수익증권도 펀드 운용의 투명성과 투

왕초보 펀드투자 시크릿

자자의 펀드 감시 기능이 강화되면서 수익증권과 뮤추얼펀드라는 구별의 실익은 더욱 없어진 상태이다.

물론 2001년 이전 뮤추얼펀드가 도입되던 초기에 환매가 자유롭지 않은 폐쇄형만 만들 수 있었던 것도 뮤추얼펀드가 국내에서 뿌리를 내리는 데 많은 걸림돌로 작용했다. 폐쇄형 뮤추얼펀드의 경우 펀드에서 환매가 되지 않기 때문에 어쩔 수 없이 주식시장에서 기준가보다 낮은 가격으로 거래할 수밖에 없었다.

이유야 어떻든 현 시점에서 수익증권과 뮤추얼펀드 중 어느 펀드가 더 좋은지 묻는다면, 당연히 운용 성과가 좋은 펀드가 더 좋은 펀드라고 할 수 있을 것이다.

펀드의 종류

추가형, 단위형, 폐쇄형, 개방형 펀드

펀드를 추가형이니, 단위형이니, 폐쇄형이니, 개방형이니, 또 앞에서 설명한 계약형이니 회사형이니 하는 것들은 모두 펀드 하나를 놓고 각기 다른 기준으로 분류한 것이다. 이렇게 분류함으로써 그 펀드의 성격을 명확히 알 수 있기 때문이다. 단 추가형과 단위형의 구분은 추가설정 가능 여부에 따른 분류이다.

추가설정이란 펀드가 처음 만들어진 이후에도 계속해서 수익증권을 만들어 투자자에게 매각할 수 있는 것을 말한다. 즉, 추가형은 추가설정이 가능한 펀드를 말한다. 반면 단위형은 펀드가 처음 만들어지고 일정한 기간 이후에는 추가설정을 할 수 없는 펀드를 이른다. 우리가 접하는 대부분의 펀드는 추가형 펀드이다.

매출식과 모집식은 펀드의 판매방식에 따른 차이이다.

매출식은 자산운용회사나 판매회사가 미리 펀드를 만들어 놓고 투자자를 끌어 모으는 것이라면, 모집식은 상품에 대한 소개를 먼저 한 후 투자자를 모은 다음에 모아진 돈을 가지고 펀드를 설정하는 것이다.

개방형과 폐쇄형은 중간에 돈을 자유롭게 찾을 수 있는지 여부에 따른 기준이다. 개방형은 자금의 입출금이 자유로운데 비해 폐쇄형은 그렇지 못하다.

매출식 펀드이면 추가형이고 개방형인 경우가 대부분이다. 반면에 모집식은 단위형이면서 폐쇄형인 경우가 많다.

각각의 경우는 모두 일장일단이 있는데, 폐쇄형 펀드의 경우는 자금의 입출금이 없기 때문에 펀드매니저가 운용 전략을 용이하게 할 수 있다는 장점이 있다. 그러나 개방형 펀드는 자금의 입출금이 빈번하게 발생함에 따라 안정적인 운용이 흔들릴 수도 있다.

예컨대, 출금에 대비하여 항상 일정 비율의 유동성을 유지하여야 하고 미리 준비한 유동자금 이상의 출금 요청이 있는 경우에는 필요 이상의 유동성을 보유해야 할 수도 있으며 적절한 시기에 운용전략을 완성하지 못할 수도 있다. 결국 이러한 요소들은 수익률에 나쁜 영향을 끼치게 된다.

그러나 폐쇄형은 운용은 안정적으로 가져갈 수 있지만, 천재지변, 투자자의 사망이나 이민 등 매우 특별한 경우를 제외하면 펀드의 환매가 되지 않는다는 단점이 있다.

이 문제를 해결하기 위해 폐쇄형 펀드는 거래소나 코스닥 등 주식시장에서 거래하도록 하고 있다. 하지만 시장에서 거래되는 가격이 기준가격보다 낮은 것이 일반적이라 원하지 않는 손실을 입을 수도 있다.

결론적으로 투자 금액의 유동성을 중시한다면 폐쇄형은 피하는 것이 좋다. 참고로 현재 시중에 나와 있는 대부분의 펀드는 매출식, 추가형, 개방형이다.

이름은 달라도 유사한 펀드

펀드평가회사나 자산운용협회 자료를 보면 펀드의 '유형'이라는 것이 있다. 어떤 공통된 특성이나 특징 등으로 펀드를 나눈 것을 말한다.

추가형이니 단위형이니 하는 것들이 대체로 형식적인 기준으로 나눈 것이라면, 유형의 개념은 펀드가 운용하는 실질에 따른 분류를 주로 말한다.

앞에서 언급했지만, 가장 큰 분류는 주식의 편입 여부에 따라 주식형과 채권형으로 구분할 수 있을 것이다.

주식형도 주식을 많이 편입하는가에 따라 성장형, 안정성장형, 안정형 등으로 나누어진다.

채권형도 회사채 투자 여부 등에 따라 공사채형과 국공채형으로 나눌 수 있다. 마치 생물의 종류를 종 → 속 → 과 → 목 → 강 → 문 → 계로 나누는 것과 같은 이치이다.

펀드를 복잡하게 나누는 이유

어른과 어린아이 간에 주먹싸움을 붙여 놓고 누가 싸움에서 이길까 지켜보는 것이 정당할까? 정상적인 경우라면 대부분의 사람들은 이 둘에 대한 비교가 잘못되었다고 생각할 것이다. 펀드의 유형을 분류하는 이유가 여기에 있다. 즉, 권투에서 헤비급은 헤비급끼리, 미들급은 미들급끼리, 라이트급은 라이트급끼리 우열을 가려 챔피언을 뽑듯이, 펀드도 각기 다른 성격끼리 분류해 비교해야 한다.

A라는 펀드는 주식을 100 %까지 투자할 수 있고, B라는 펀드는 50 %까지 투자할 수 있다. 주가가 10 % 상승했을 경우, 주식을 100 % 투자할 수 있는 A펀드는 수익률이 10 % 상승한 반면, 주식을 50 %까지 투자할 수밖에 없는 B펀드는 5 % 상승한다. 이 결과만을 가지고 펀드 A가 펀드 B보다 더 좋은 펀드라고 할 수는 없다. 왜냐하면 처음부터 두 펀드 간의 비교

가 잘못 되었기 때문이다.

펀드 A는 주식을 100 % 수준까지 투자할 수 있는 동일한 조건의 펀드, 예를 들어 펀드 C, 펀드 D 등과 비교해야 하며, 펀드 B는 주식을 50% 수준에서 투자할 수 있는 펀드 E, 펀드 F등과 비교해야 한다.

따라서 펀드를 어느 유형에 넣어서 분류하는가는 매우 중요하다. 어떤 분류 기준에서는 매우 좋은 펀드이지만 다른 분류 기준에서는 영 형편없는 펀드가 될 수도 있기 때문이다.

펀드를 분류하는 기준은 펀드가 가진 위험의 크기와 투자하는 자산, 운용 전략 등으로 나눌 수 있다.

| 펀드 오브 펀드 |

펀드 오브 펀드도 몇 가지 문제점을 안고 있는데, 먼저 수수료 문제이다. 가입한 펀드의 수수료에 펀드가 투자하는 펀드에서 발생하는 수수료까지 계산하면, 그 수수료가 일반 펀드보다 비쌀 수밖에 없다. 또 이중 과세 부분이 문제이다. 펀드가 투자한 펀드 내의 주식, 채권 등에서 생기는 세금과 펀드가 투자한 펀드 자체의 세금으로 이중 과세된다는 점이다.

마지막으로 펀드 오브 펀드를 운용하는 자산운용회사의 도덕성 문제이다. 즉, 자기 회사의 펀드에 대부분을 투자하고 다른 운용회사의 펀드는 형식적으로 끼워 넣을 가능성을 배제할 수 없기 때문이다. 물론 이를 방지하기 위해 동일 운용회사 펀드는 50 % 이상, 동일 펀드는 20 % 이상 투자하지 못하도록 하고 있다.

아직까지 펀드 오브 펀드 시장은 작지만 앞으로 시장 확대 가능성은 매우 높아 보인다. 다양한 성격의 펀드들에 투자함으로써 위험을 낮추고 안정적인 수익을 거둘 수 있기 때문이다.

뷔페에서는 한두 가지 음식이 마음에 들지 않더라도 선택을 할 수 있는 다른 음식이 많기 때문에 먹거리 위험을 줄일 수 있는 것과 같은 이치이다.

왕초보 펀드투자 시크릿

헤지펀드

| '헤지' 의 의미 |

헤지펀드를 알아보기 전에 '헤지' 라는 용어에 대해서 먼저 살펴보자.

헤지를 사전적으로 직역하면 '울타리' 와 함께 '손실·위험 등에 대한 방지책' 이라는 의미가 있다. 금융용어로 헤지는 후자에 해당한다. 재미있는 것은 헤지의 사전적 의미에 '양다리 걸치기' 라는 뜻이 있다는 것이다. 헤지에 대한 매우 절묘한 뜻풀이가 아닌가 싶다. 연인 사이에서 양다리 걸치기는 하나의 이별을 대비하기 위해 또 다른 사랑을 마련하는 것으로 해석할 수 있다. 그러나 양다리 걸치기는 관리를 제대로 하지 못하면 하나의 사랑에 집중하는 것보다 더 큰 위험에 처할 수도 있다. 대외적인 평판도 무시할 수 없는 위험 요소이다.

이 개념의 그대로 펀드에 접목시켜 볼 수 있다. 펀드에서도 헤지를 적절하게 사용하면 위험관리에 탁월하지만 관리가 잘못되었을 경우에는 오히려 더 큰 위험에 노출될 수도 있다.

펀드에서 헤지를 이용한 운용 전략은 매우 일반화되어 있다. 대부분 한 자산의 위험을 방지하기 위해 사용한다. 가장 대표적인 것이 선물이다.

예를 하나 들어보겠다. 봄에 씨를 뿌려 가을에 수확하는 농산물이 있다. 문제는 가을에 이 농산물의 가격이 어떻게 될지 모른다는 것이다. 추수할 때 값이 폭등할지 폭락할지 모르고 봄에 씨를 뿌리게 되는 것이다. 1년 농사를 짓는데 가격이 어떻게 결정될지 모르고 일한다는 것은 매우 큰 위험이 아닐 수 없다. 물론 앞서 설명한 대로 다른 종류의 씨도 뿌려 위험을 분산시킬 수도 있다.

이러한 위험의 노출을 방지하기 위해 농부는 도매상인과 씨를 뿌리는 봄에 농산물의 가격을 미리 결정한다. 이럴 경우 농부는 가을이 되서도 안정적인 수익을 거둘 수 있어 좋고 도매상인도 미리 매입가를 확정지을 수 있어서 좋다. 단, 이익과 손실의 문제는 별개이다. 농부의 입장에서는 가을에 농산물 가격이 상승하면 더 비싸게 팔 수 있음에도 그렇지 못해 손해가 된다. 반대로 농산물 가격이 하락하면 이미 정해진 가격으로 팔기로 했기 때문에 이익이 발생한다. 하지만 그런 손익 개념을 떠나서 농부는 1년 농사를 안심하고 지을 수 있다는 점만으로도 정신 건강에 매우 좋을 것이다.

위의 예는 파생상품 종에서도 선물에 대한 내용이지만, 만약 농부가 봄에 도매상인과 계약을 할 때 일정 돈을 지불하고 가을에 정해진 가격에 팔 수 있는 권리만을 가지고 계약을 할 수도 있다.

이해를 돕기 위해 예를 들어보겠다. 농부는 가을이 되면 배추를 도매상인에게 1,000만 원에 팔기로 하되, 원하면 팔지 않을 수도 있다는 조건으로 계약을 한다. 도매상인에게 당연히 불리한 계약이 된다. 그래서 계약 시점에 농부는 도매상인에게 100만 원을 미리 준다. 물론 가을에 농부의 계약 이행 여부와 상관없이 100만 원은 도매상인이 갖게 되는 조건이다.

그리고 가을이 되었다. 배추가격이 1,100만 원을 넘어서면 농부는 도매상인에게 준 100만 원을 포기하더라도 더 비싼 가격에 시장에 내다 파는 것이 이익이다. 거꾸로 배추가격이 1,100만 원보다 낮다면 농부는 도매상인에게 물건을 넘기는 것이 이익이다. 이를 옵션이라고 한다. 즉, 옵션은 권리를 사고파는 상품이라고 이해하면 된다. 참고로 농부가 상인에게 준 100만 원을 프리미엄이라고 한다. 이 경우 배추가격이 프리미엄을 합한 가격보다 더 높아야 농부는 이익이 생긴다.

그러나 펀드에서 운용 전략은 이보다 훨씬 더 복잡하다. 선물과 옵션을 혼합해 다양한 손익구조를 만들어낼 수 있다. 특히 선물이나 옵션 등 파생상품을 거래하는 비용은 매우 저렴하다는 장점이 있다. 주식 현물 100억 원을 사려면 100억 원이라는 돈이 필요하지만 파생상품은 이보다 훨씬 저렴한 돈으로 살 수가 있다. 미래에 잔금을 치르기 때문에 계약 당시에는 적은 돈으로 물건을 살 수 있는 것이다. 하지만 그 효과는 전체 물건값을 사는 것과 같은 효과가 있다. 이를 가리켜 레버리지 효과라고 한다. 즉, 적은 힘으로 무거운 물건을 들 수 있다는 것이다.

그러나 이러한 파생상품을 위험을 회피하기 위한 헤지용으로만 사용하지는 않는다. 레버리지 효과 등을 이용해 투기적으로 파생상품을 사용하는데, 이를 투기적 거래라고 한다.

| 헤지펀드에 대하여 |

앞에서 헤지라는 개념에 대해서 간략하게 설명했다. 헤지펀드는 이러한 운용 전략을 기본으로 한 펀드를 말한다.

헤지펀드는 1949년 미국의 알프레도 윈슬로 존스가 최초로 설립했다. 헤지펀드라는 말은 1950년대에 총체적인 시장 노출을 줄이면서 두 가지 기회를 획득하는 기초전략이라는 다소 서술적인 표현이 일반적인 고유 용어로 사용하게 된 것이다.

알프레드 존스가 제시한 헤지펀드는 시장 위험으로부터 펀드수익률을 보호하기 위해 매도와 매수를 동시에 이용하는 방법으로, 헤지를 소개하면서 처음으로 레버리지를 이용했다. 헤지펀드는 공매도, 레버리지, 인센티브 수수료, 위험 분할이라는 일반적인 특징을 가지고 있다.

이러한 특징은 헤지펀드의 부흥기라고 할 수 있는 1990년대 들어와서 더욱 진일보하는 특징을 보인다. 즉, 전략 특성이 매우 다양해졌고 거의 참여하지 않는 지역이 없을 정도로 시장도 확대됐으며, 위험/수익 특성도 다양해졌다. 이렇게 진일보한 대표적인 헤지펀드에는 주로 통화거래 전략을 사용하는 조지 소르스의 퀀텀 펀드, 선물옵션 등 파생상품을 사용하는 줄리안 로버트슨의 타이거 펀드 등이 있다.

헤지펀드는 투자자들로부터 개별적으로 자금을 모은 사모펀드 형식으로 법적 형태는 유한책임제이다. 그런데 전세계 금융시장이 하나의 네트워크로 연결되고 자본시장이 개방되면서 국제적으로 금융혼란이 있을 때마다 헤지펀드라는 국제적 투기성 단기 부동자금이 문제가 되고 있는 것도 사실이다. 예컨대, 1992년의 영국의 파운드화 폭락사태, 1994년의 멕시코 금융 위기, 그리고 1997년 7월 태국의 바트화 폭락사태 등을 헤지펀드가 주도했다고 알려져 있다.

이는 일반 뮤추얼펀드가 주식, 채권 등 비교적 안전성이 높은 상품에 투자하는 데 반해 헤지펀드는 주식, 채권만이 아니라 파생상품 등 레버리지가 큰 고위험, 고수익을 낼 수 있는 상품에 적극적으로 투자하기 때문이다.

그러나 1990년대 들어서면서 헤지펀드에 새로운 추세가 나타나고 있다. 즉, 더 많은 투자자들에게 투자의 기회를 주고 헤지펀드의 장점을 적극 활용하는 것으로 펀드 오브 헤지펀드가 그것이다. 이것은 이미 설명한 펀드 오브 펀드와 같은 개념이다.

다양한 성격의 헤지펀드에 투자하는 펀드로서 전통적인 투자에서는 기대하기 힘들었던 분산효과를 달성하고 하락시장에서도 총체적인 위험을 감소시켜 결과적으로 시장 상승기와 하락기 모두 절대적인 수익 창출이 가능하다는 특징을 가지고 있다. 헤지펀드는 일부 부유한 고객만을 대상으로 하기 때문에 일반투자자들이 가입하기 힘든 데 비해 펀드 오브 헤지펀드는 투자자의 저변을 확대하는 효과가 있다.

우리나라도 차츰 외국의 헤지펀드들이 국내에 조금씩 소개되고 있고, 국내 운용회사 중에서도 관심을 가지고 준비하는 회사들이 등장하고 있다. 이러한 흐름들이 투자처를 찾지 못하는 고액 투자자들의 욕구와 맞아떨어지면 생각 외로 빠르게 구체화될 가능성도 배제할 수 없다. 그렇게 되면 외국의 헤지펀드들과 글로벌 금융시장이라는 이름의 경기장에서 자웅을 가리게 될 것으로 예상된다.

왕초보 펀드투자 시크릿

PEF라고 하는 사모펀드

최근 국내 굴지의 은행들이 외국계 은행이나 펀드로 매각되면서 민족자본 육성에 대한 필요성이 급격하게 대두되고 있다. 특히 단기 차익을 노리는 외국계 펀드들의 국내 금융시장 잠식은 국가경제의 동맥 역할을 하는 금융의 특성상 많은 문제점을 노출하고 있기도 한다.

장기적인 선진 금융기법의 접목보다는 단기 차익을 노린 투기적 자본이 국내 금융시장의 구조적인 발전에 도움을 주지 않는다는 것이다. 도움이 되기는커녕 오히려 손실이 될 수도 있다는 우려가 높다.

이런 상황에서 국내 자본에 의한 사모주식 펀드에 대한 관심이 고조되고 있다. PEF는 사적으로 자금을 모아 투자 · 운용되는 투자조합이다.

일반 펀드가 공모 및 분산투자를 특징으로 하는 데 비해 PEF는 사모 및 집중투자가 특징이다. PEF는 구조조정을 통한 가치증대가 예상되는 주식을 사모 형태로 매입하여 기업 가치를 높이고, 이를 전략적 투자자에게 매각하거나 거래소에 상장시켜 투자금을 회수하는 펀드이다.

사모펀드를 포함한 일반 펀드들이 자본이득을 위한 투자인데 비해 PEF 는 기업인수 · 합병 · 경영권 참여 등을 통해 기업의 체질을 개선시켜 자본이득을 취하는 데 큰 차이가 있다.

현재 간접투자업계에서 사모펀드라고 하면 주로 유가증권에 투자해 자본이득을 얻고자 하는 펀드를 일컫는다. 공모펀드가 불특정 투자자를 대상으로 하기 때문에 투자자 보호를 위해 엄격한 운용 제한이 적용되는 데 반해. 일반 사모펀드는 50인 이하 투자자를 대상으로 하며 운용에 대한 제한이 없다. 일반적으로 사모펀드는 연기금, 은행, 보험회사, 일반 기업 등 운용 규모가 큰 투자자들이 단독으로 가입한다. 수익자가 혼자이기 때문에 다른 투자자의 눈치를 보지 않고 펀드 운용에 일정 부분 관여할 수 있으며, 투자에 대한 의사결정도 자유롭게 할 수 있다.

Part.

6

SECRET

펀드 종류에 따른 투자 방법

주식형 펀드

주식시장은 변동성이 매우 큰 시장이다. 변동성이 크다는 것은 수익률의 변화가 크다는 것이다. 즉, 오를 때는 많이 오르지만 떨어질 때 역시 크게 떨어지는 특징을 가지고 있다.

그 예로 2007년 7월에는 두 번의 블랙 프라이 데이가 있었다. 종합주가지수는 7월 20일 무려 -87.3 %를 기록하면서 단 하루 만에 -80 % 이상씩 하락한 것이다. 그러다 같은 달 15일에는 57.5 %나 상승했었다. 놀이공원의 롤러코스트와 같은 시장을 연출한 것이다. 57 %라는 수익률은 은행 정기예금에 10 년 이상 묶어두어도 거둘 수 없는 높은 것이다. 주식은 이렇듯 변동성이 크기 때문에 펀드에서 주식을 얼마나 더 편입하고 덜 편입했느냐에 따라서 성과 차이가 크게 나타난다.

따라서 주식을 편입했다고 다 같은 주식형이 아니다. 펀드평가 회사마다 주식형의 유형을 분류하는 기준이 조금씩 다르지만, 대체로 주식을 70 % 이상 초과하며 높게 편입하는 펀드를 성장형이라고 한다. 주식을 40 % 이하로 낮게 편입하는 펀드는 안정형이라 하고, 주식을 40~70 %로 성장형과 안정형의 중간 정도로 편입하는 펀드는 안정성장형이라고 한다.

이는 펀드가 가진 위험의 크기를 기준으로 분류한 것이다. 당연히 주식 편입비율이 높은 펀드는 낮은 펀드에 비해서 수익률의 변화가 클 것이다.

종합주가지수가 −5.73 % 하락했던 8월 10일의 시장 종가를 반영한 성장형의 일일 수익률은 −5.14 %였다. 그런데 같은 날 안정성장형은 −2.66 %, 안정형은 −1.21 %였다. 반면 주가가 4.85 % 상승했던 19일의 시장 종가를 반영한 성장형의 일일 수익률은 5.15 %, 안정성장형 2.52 %, 안정형은 1.06 %였다.

수익률의 변화가 컸던 유형별로 나열하면 성장형〉안정성장형〉안정형임을 알 수 있다. 수익률의 변화가 크다는 것은 곧 위험도 높다는 뜻이다. 하지만 위험이 높으면 기대수익도 크기 마련이다. 8월 10일에는 성장형이 가장 큰 타격을 받았지만 19일에는 가장 큰 수익을 거뒀음을 확인할 수 있다.

일반적으로 성장형은 주식을 평균 85 % 수준에서 편입한다. 안정성장형은 45 %, 안정형은 20~25 % 수준이다. 따라서 각 유형별로 주가가 급등락하는 날의 펀드수익률을 어림짐작하려면 해당일의 종합주가지수 등락폭 대비 각 유형의 평균 편입비를 곱해 펀드수익률의 등락폭을 대략 다음과 같이 계산할 수 있다.

종합주가지수 10 % 상승 × 펀드의 주식편입비율 85 %

= 예상수익률 8.5 %

만약 예상치보다 펀드수익률이 크게 벗어났다면 투자한 종목 중 특이종목이 있다고 해석할 수 있다.

펀드 종류에 따른 투자 방법

채권형 펀드

채권형은 채권에 주로 85~90% 수준에서 투자한다. 나머지 자산은 유동성 자산이라고 해서 만기가 짧은 기업어음, 양도성예금증서, 콜 등에 투자한다. 주식형은 주식 편입비율에 따라 성과 차이가 크게 나지만, 채권형에서 채권편입비율이 운용 성과에 주는 영향은 주식형만큼 결정적인 요소는 아니다.

채권형도 주식형처럼 채권 중에서도 어떤 채권에 투자하는지가 중요하다. 채권형 펀드에서 투자하는 채권은 발행주체에 따라 국채, 지방채, 통안채, 특수채, 금융채, 회사채 등으로 나눈다.

국채는 우리나라 중앙정부가 발행하는 채권으로 지표채권인 국고채와 국민주택채권 등이 있다.

지방채는 지방자치단체가 발행하는 채권으로 서울도시철도채권, 상수도채권 등이 있다.

특수채는 특별법에 의해 설립된 기관이 발행한 채권으로 토지개발채권, 한국전력공사채 등이 있다.

통안채는 한국은행이 통화량 조절을 통한 통화관리 목적으로 발행하는 채권이다. 통안채는 금융채로 분류되기도 한다. 금융채는 금융기관이 발행하는 채권이며, 회사채는 상법상 주식회사가 발행하는 채권이다.

이 중에서도 금융채나 회사채는 신용등급에 따라 AAA에서 B까지 세분화한다. AAA는 신용등급이 높은 채권이고 B는 신용등급이 매우 낮은 투기등급채권이다.

지표채권은 한국은행이 통화정책을 펴거나 기업이 장기투자계획을 세울 때 표준금리 구실을 한다.

또한 다른 채권 가격이나 기타 금리를 계산할 때 지표채권에 개별 채권의 위험도를 반영한 가산금리를 더하기 위한 기준이 되기도 한다. 우리나라에서는 국가에서 발행한 국고채권이 지표채권 역할을 한다.

채권형 펀드에서 채권의 신용등급은 특히 중요하다. 채권은 시장에서 유통이 주식만큼 활발하지 않으며 쉽게 사고 팔 수도 없다. 만에 하나 신용등급이 낮은 채권을 샀는데, 해당 기업이 부도를 내게 되면 보유한 채권은 휴지조각이 되고 만다. 당연히 펀드투자자들의 수익률에 영향을 미치게 된다. 그러나 신용등급이 낮은 채권은 이자가 높다는 유혹이 있다. 결국 높은 이자를 주는 채권의 유혹과 낮은 신용등급이라는 위험 사이에서 얼마나 균형을 잘 잡으며 투자할 수 있는가가 관건이다.

채권형 펀드를 국공채형과 공사채형으로 나누는 기준은 위에서 언급한 채권 중 어떤 채권에 투자할 것인가에 따른 분류이다.

국공채형은 신용위험이 없는 국공채나 통안채 위주로 운용을 한다. 부도 등 신용위험은 없어 안전한 대신 금리는 낮다. 반면 공사채형은 국공채는 물론 회사채에도 투자를 한다. 신용위험은 국공채에 비해 높지만 그만큼 수익도 크기 때문이다.

투자의 양면성, 수익과 위험은 채권형 펀드에서도 예외일 수 없다. 참고로 국공채 3년물의 금리는 3.5~4.5% 수준이고, 회사채BBB-3년은 8.0~10.0%이다.

이밖에 채권형 펀드는 환매수수료 부과 기간에 따라 단기, 중기, 장기로 나누기도 한다. 그러나 일반적인 펀드의 경우 만기가 없으며, 특히 '펀드 만기=환매수수료 부과 기간'이라는 등식이 성립되지 않는다는 점에서 이러한 분류가 실질적인 의미를 가지지는 않는다.

MMF

주식형 펀드가 수익률의 변화가 크다면 자금 부분에서 변화가 큰 펀드가 바로 MMF일 것이다.

MMF는 Money Market Fund의 약자로, 우리나라 말로는 초단기펀드 정도로 해석된다. MMF펀드의 자금 유출입이 큰 데는 단 하루만 맡겨도 실세금리 수준의 이자를 주기 때문이다. 특히 펀드에서는 유일하게 장부가평가를 함으로써 거의 확정이자에 가까운 수익을 준다는 점도 인기를 끄는 원인 중의 하나이다.

장부가평가란 채권을 매입하는 시점의 채권 가격에다 채권에서 확정으로 받기로 되어 있는 이자를 감안해서 채권의 가치를 평가하는 방식을 말한다. 즉, 채권을 매입할 때 확정으로 채권에서 발생하는 수익을 계산하는 방식이라고 이해하면 된다. 장부가평가에 의할 경우 시장의 금리변동과

상관없이 일정한 이자를 받을 수 있어 은행의 정기예금과 비슷한 효과가 있다.

장부가평가와 상대되는 개념으로 시가평가가 있다. 시가평가란 채권을 시장의 가격, 즉 시장에서 거래되거나 거래되기에 합당한 가격으로 평가하는 방식을 말한다.

장부가평가는 일별 채권 가격의 변화를 펀드수익률에 반영하지 않는 반면에, 시가평가는 주식처럼 일별 채권 가격의 변화를 펀드수익률에 반영한다. 단, MMF라 하더라도 보유채권의 장부가평가 수익률과 시가평가 수익률과의 차이가 0.5% 이상 벌어질 우려가 있으면 자산 운용회사는 장부가평가를 시가평가로 전환할 수 있다.

쉽게 말하면, 펀드가 가지고 있는 자산의 장부상 가치를 100 원이라고 가정한다. 그런데 만약 이 자산을 현재 시장에 내다 팔았을 때 95 원정도 밖에 받을 수 없다면 펀드의 가치를 100 원으로 계산했던 것을 95 원으로 낮춰서 거래하겠다는 것이다.

왜 이런 복잡한 방법을 사용할까?

기본적으로 시장에서는 95 원밖에 하지 않는 물건을 투자자에게는 100 원에 주고자 하는 데 문제가 있다. 투자자 중 일부가 펀드가 투자한 자산의 시장가치가 95 원인 것을 알고 있다면 이 투자자는 서둘러 환매를 해

서 100 원을 받으려고 할 것이다. 그런 투자자들이 많을 경우 자산의 가치
는 이제 95 원도 채 되지 못할 것이다. 결국 환매하지 않고 남아 있는 고객
들은 손해를 보게 된다. 이에 대한 대응으로 자산의 가치를 현실화시킴으
로써 펀드에 남아 있는 투자자를 보호하고자 하는 것이다. 또 부화뇌동해
환매를 하게 되면 손해를 본다는 사실을 투자자에게 인식시킴으로써 대
량 환매를 막고자 하는 의도도 숨어 있다.

하지만 지금까지 여러 차례 있었던 MMF파동을 돌아보면 이러한 제도
가 생각만큼 효과적이지는 못했다. 문제는 시장에서 거래되는 가격과 펀
드에서 나오는 수익이 틀리기 때문에 투자자는 다른 투자자들이 행동하
기 전에 먼저 움직이려는 욕구가 강하다는 것이다. 그리고 이러한 욕구가
하나의 군중심리로 부풀어질 경우, 아무런 문제가 되지 않을 만한 작은 충
격에도 MMF 자금은 급격하게 요동치곤 했던 것이다.

그런데도 MMF는 하루만 맡겨도 실세금리를 준다는 점에서 이러한 위
험을 가히 능가할 만한 경쟁력 있는 펀드 상품이라 하겠다.

인덱스펀드

인덱스펀드는 지수 수익률을 목표로 하는 펀드이다. 지수라는 것은 여러 가지가 있을 수 있으나 가장 대표적인 것은 종합주가지수와 KOSPI200이 있다. 만약 종합주가지수가 25 % 상승했다고 하면 펀드도 지수 상승률 만큼인 25 %의 수익률을 거두기 위해 노력한다. 더도 말고 덜도 말고 지수만큼의 수익률을 내기 위해 지수를 졸졸 따라다닌다고 해서 인덱스펀드를 패시브 펀드라고도 한다.

펀드매니저는 펀드수익률이 지수수익률을 충실하게 따라갈 수 있도록 노력한다. 인덱스펀드는 펀드 운용에 있어서 펀드매니저의 주관을 배제한다. 그 바탕에는 펀드매니저는 시장을 이길 수 없으며, 주식시장은 장기적으로 상승한다는 믿음이 깔려 있다.

이는 지수보다 더 높은 수익률을 목표로 업종과 종목 발굴을 위해 노력하는 액티브 펀드와 상반되는 개념이다. 일반적인 성장형 펀드는 액티브 펀드에 속한다.

인덱스펀드는 다시 지수보다 조금 더 높은 수익률을 추구하는 인핸스드 인덱스펀드와 순수하게 지수 수익률만을 따라가는 순수 인덱스펀드가 있다. 우리나라에서는 인핸스드 인덱스펀드가 주종을 이룬다.

인덱스펀드의 신탁보수는 일반 액티브 펀드보다 낮다는 특징도 있다. 펀드 운용과 관련된 비용 측면에서 보면 액티브 펀드의 경우 업종 및 종목 발굴을 위해 만만치 않은 리서치 비용이 드는 데 비해 인덱스펀드는 특별히 리서치 비용이 들지 않기 때문이다. 또한 지수를 충실히 따라가야 하는데 보수가 높으면 그만큼 펀드수익률이 지수보다 낮아지기 때문이기도 한다.

인덱스펀드는 매니저의 주관이 펀드 운용에 관여되지 않으면서 주식시장 상승률만큼의 성과를 내기를 기대하는 투자자들에게 적합한 펀드이다.

펀드 종류에 따른 투자 방법

코스닥 펀드

코스닥 펀드는 말 그대로 코스닥 주식에 투자하는 펀드이다. 그러나 코스닥 펀드라고 해서 모두 코스닥 주식에만 투자하는 것은 아니다. 오히려 거래소 종목에 대한 투자 비중이 더 높은 펀드들도 있다. 1999년 주가가 상승하고 벤처 열풍이 시장을 휩쓸면서 경쟁적으로 생겼던 코스닥 펀드는 2000년 거품이 빠지면서 급격한 쇠락의 길을 걷게 되었다.

따라서 코스닥 펀드 내의 투자 비중도 코스닥 종목에서 거래소 종목으로 옮겨가게 됐다. 이러한 영향으로 코스닥 펀드수익률도 종합주가지수와 코스닥지수 수익률의 평균 정도로 나타나고 있다.

한편 코스닥시장은 침체된 코스닥시장을 활성화하고, 투자자들의 시장에 대한 신뢰를 높이기 위해 2004년 1월 26일부터 코스닥 종목 중에서도 재무 안정성, 경영 투명성, 유동성 등 3개 조건이 일정 수준 이상을 만족시키는 30개 종목을 가지고 스타지수를 산출하고 있다. 그리고 이러한 스타지수에 편입된 종목을 중심으로 투자하는 펀드들도 몇몇 운용회사에서 만들어 운용되고 있다.

후순위채 펀드, 하이일드 펀드

하이일드와 후순위채 펀드는 모두 투기채 펀드이다. 투기채란 기업의 신용등급이 BB 이하로 투자 위험 및 상환불능 가능성이 높은 등급의 채권을 말한다.

하이일드와 후순위채 펀드는 1999년 대우채 사태 이후 채권시장이 급속도로 냉각되면서 나온 정책 상품들이다. 투자자들이 신용등급이 낮은 채권은 거들떠보지도 않으면서 채권시장이 고등급 채권시장과 그 외 시장으로 완전 이등분되어 버렸던 것이다. 따라서 신용등급이 낮은 회사들의 채권도 거래될 수 있도록 하기 위해서 하이일드와 후순위채 펀드가 탄생했다.

하이일드 펀드는 신용등급이 BB+ 이하인 채권과 B+ 이하인 기업어음에 50 % 이상 투자하도록 되어 있다. 그러나 등급이 이마저도 되지 않는

B, C, D급 채권들은 여전히 문제를 안고 있었다. 투신권의 이러한 채권들을 한 데 집합하고 새로운 채권을 만든 것이 후순위채이다. 후순위채는 자산유동화증권의 일종이다.

원래 후순위채란 채권을 발행한 기업이 파산했을 때 채무에 대한 변제 순위에서 일반채권보다는 뒤지나 우선주나 보통주보다는 앞서는 채권으로 일반채권보다 금리가 높다는 장점이 있다.

이렇게 후순위채 펀드에 들어가는 후순위채는 높은 금리 수준에다가 장부가로 평가하기 때문에 투자자들의 구미를 당길 수 있었다. 여기에 하이일드와 후순위채 펀드에는 공모주 우선배정권까지 주어져 투기채에 부담감을 느끼는 투자자들을 끌어모으는 데 일조했다.

하이일드와 후순위채는 투기채권 및 후순위채 의무 편입비중에 따라 뉴 하이일드 A, B, C, D형 및 비과세 고수익 펀드 등 다양한 이름으로 만들어졌다.

펀드 종류에 따른 투자 방법

ETF

중도에 환매가 자유롭지 않은 펀드를 폐쇄형 펀드라고 했다. 폐쇄형 펀드는 환매에 대한 제한이 있기 때문에 주식시장에 상장 또는 등록을 시켜서 현금화할 수 있도록 하고 있다. 그러나 폐쇄형 펀드는 시장에서 거래를 목적으로 만들어졌다기보다는 만기까지 기다리지 못하는 투자자들의 편의를 봐줬다는 면이 강하다. 그러나 폐쇄형 펀드와는 다르게 주식 시장에서 거래를 목적으로 만들어진 펀드도 있다.

바로 ETF로 우리나라 말로는 상장지수펀드라고 한다. ETF는 순수 인덱스펀드처럼 지수에 투자한다. 단, 펀드처럼 거래하는 것이 아니라 주식시장의 일반 주식처럼 사고 팔며 거래한다고 보면 된다. 즉, 인덱스펀드를 주식시장의 주식처럼 거래하는 것이다. ETF는 직접투자의 장점을 섞어 만든 상품이다.

만약 개별주식에 투자한다면 수많은 주식 중에서 좋은 종목을 골라야 하고 또 그 기업의 분석까지 철저히 해야 하는데, 물론 쉬운 일이 아니다. 그러나 인덱스펀드는 개별 주식을 굳이 몰라도 된다. 주식시장의 전체 움직임만 알면 되기 때문이다.

그러나 인덱스펀드는 환매수수료 부과 기간 때문에 일정 기간을 기다려야 하고 시장에서 원하는 때에 사고 팔 수 없다는 단점이 있다. 이 모든 것을 해결해 주는 것이 ETF이다. ETF는 주식시장 전체에 투자하는 것과 똑같은 효과를 내므로 소액투자를 통해서도 높은 위험분산효과를 거둘 수 있다.

일반적으로 시장 상황을 봐가면서 현금화하는 시점을 정하려 한다면 ETF를 선택하는 것이 바람직하며, 운용회사의 운용 능력을 믿고 장기적으로 시장보다 조금 더 높은 수익률을 원한다면 인덱스펀드를 선택하는 것이 좋다.

우리나라 ETF가 투자하는 지수는 시가총액 상위종목으로 업종대표성을 지니는 'KOSPI200'과 'KOSPI50'이 대표적이다.

절대수익추구형 펀드

펀드의 중요한 원칙은 실적배당이다. 즉, 콩 심어 콩 나면 콩 주고, 팥 심어 팥 나면 팥 준다는 것이다. 콩 대신 팥 주고, 팥 대신 콩 주지 않는다. 그런 만큼 펀드에서 '절대', '보장', '보존' 등의 말이 들어간 상품은 여간 부담스러운 것이 아니다. 적어도 운용 측면에서는 말이다. 투자자들의 기대치도 그만큼 높기 때문이기도 하다.

그래서 절대수익추구형 펀드는 '절대' 뒤에 '추구'라는 말을 하나 더 붙여놨다. 절대수익을 추구하기 위해서 노력하지만 절대수익이 꼭 나올 수 있다는 보장은 아니라는 것이다.

일반인을 대상으로 판매하는 절대수익추구형 펀드는 1년에 대부분 연 7~12%의 수익률을 목표로 운용된다. 매달 1~2%씩 수익률을 차곡차곡 쌓아나갈 수 있도록 노력한다. 그래야만 펀드에 투자한 시점이 서로 다른 투자자에게도 수익이 골고루 돌아갈 수 있기 때문이다. 그래서 절대수익 추구형 펀드는 펀드 가입 후 처음 6개월이 매우 중요한 시점이다. 만약 그 기간 동안에 적정한 수익률을 거두지 못한다면 목표수익률을 위해 무리하게 운용하지 않는 한 소기의 목표를 달성할 수 없기 때문이다.

절대수익을 추구하는 방법은 자산운용회사마다 모두 다르다. 파생상품을 이리저리 꼬아서 수익을 추구하기도 한다. 그러나 가장 대표적인 전략은 롱숏전략이다.

롱숏 운용 전략을 간단하게 설명하면, 주식시장의 등락으로부터 펀드수익률의 변동을 막기 위해 동일한 시점에 거의 같은 규모로 어떤 주식은 사고 어떤 주식은 파는 계약을 하는 것이다. 구체적으로 시장 평균을 상회할 것으로 예상되는 종목을 매수하고, 시장 평균을 밑돌 것으로 예상되는 종목을 매도한다. 그럼으로써 시장이 상승하면 매수 종목이 매도 종목보다 상승률이 높아지고, 시장이 하락하면 매수 종목이 매도 종목보다 덜 하락하게 된다. 이 때문에 시장이 상하 어느 쪽으로 움직여도 이익을 확보할 수 있도록 하는 운용 방법이다.

그러나 이러한 전략을 구사하기 위해서는 운용회사의 종목 선택 능력이 뛰어나야 하고 펀드 운용에 많은 시간이 필요하다. 다시 말해 펀드매니저가 스트레스를 많이 받는 펀드 중에 하나이다.

주식시장이 하락할 때
유익한 펀드

차익거래를 글자 그대로 풀이하면 두 개의 물건 간 가격 차이를 이용해 이익을 내는 거래이다. 단, 이때 두 개의 물건은 연관성이 높아야 한다. 전혀 엉뚱한 물건에서 나는 가격차이는 당연하게 발생하는 가격차이기 때문에 이를 이용해 이익을 낼 수는 없다. 차익거래를 위해서는 당연하지 않은 가격차이가 발생해야 한다. 즉, 두 개 중 하나의 물건은 어떤 이유에서건 비이상적으로 가격이 형성되어야 한다. 그 가격이 높던 낮던 간에 말이다. 그리고 비이상적으로 발생한 가격은 다시 원위치로 돌아와야 한다.

이러한 개념을 그대로 펀드로 옮겨온 것이 차익거래 펀드이다. 그러나 사실 차익거래 펀드는 펀드로서 의미가 없을 수 있다. 왜냐하면 차익거래는 어떤 펀드건 간에 사용할 수 있는 운용 전략이지 특정 펀드의 전유물은 아니기 때문이다.

기본적으로 차익거래는 무위험 거래이다. 아무런 위험이 없다는 것이다. 가장 대표적인 주가지수선물을 통해 설명해 보겠다.

주가지수선물 가격에는 실제 거래되는 가격과 기초자산인 현물가격에 금융비용을 더한 이론가격이 있다. 그런데 시장 수급에 의해 '주가지수선물의 실제가격〉이론가격'인 경우가 발생했다. 이 경우 펀드매니저는 고평가되어 있는 주가지수선물을 매도하고 동시에 저평가되어 있는 현물을 매수하는 매수차익거래를 실행한다. 고평가되어 있는 주가지수선물의 실제가격이 이론가격으로 돌아올 때, 그 차이만큼을 무위험 수익으로 얻을 수 있기 때문이다.

통상 차익거래 펀드는 주가가 하락할 때 시장과 관계없이 수익을 올린다는 점에서 인기를 끄는 편이다. 그러나 특별히 주가가 하락할 때에 초점을 맞춘 것은 아니다. 다만, 주가가 상승할 때에는 투자자의 관심이 멀어지고 주가가 하락하거나 횡보하는 경우에 관심이 증대되므로 '주가하락 시에 수익을 내는 펀드'처럼 생각될 뿐이다.

그러나 최근에는 차익거래 펀드의 인기가 시들해지고 있다. 시장에서 차익거래의 기회가 줄어들었기 때문이다. 금융시장은 이익이 발생하면 속된 말로 어디든 눈에 불을 켜고 찾아다니는 승냥이들로 우글거리는 곳이다. 이러한 곳에서 공짜 이익이 발생한다고 하면 결과는 불을 보듯 뻔할 것이다. 차익거래는 순식간에 발생한다. IT기술의 발달은 이 모든 것을 가능하게 만들었다. 또 시장 참여자들이 많아진 것도 차익거래에서 이득을 얻기 힘들게 만들었다. 따라서 차익거래를 통해서 이익을 추구하는 펀드가 설 자리는 위축될 수밖에 없다. 이런저런 이유로 대부분의 펀드는 차익거래 음식에 맛을 더 내는 양념식으로 사용하는 것이 일반적이다.

차익거래 펀드는 전통적으로 선물과 현물의 가격 차이를 이용하는 것이 보통이었으나, 선물과 옵션, 옵션과 현물 등 거의 모든 상품 간의 조합이 가능하다. 현물 옵션과 현물, 워런트와 현물, CB나 BW와 현물 등의 조합이 사용되기도 한다. 또한 국내주식과 해외DR, 보통주와 우선주, 대체재의 성격을 가지는 주식 간의 거래 등 현물과 현물간의 거래가 일어나기도 한다.

주가가 떨어질 때 투자하는 펀드

세상을 뒤집어보면 다른 세상을 발견할 수 있다. 그래서 물구나무서기는 신체건강 뿐만 아니라 정신건강을 위해서도 필요하다고 한다. 펀드 중에서도 세상을 거꾸로 보는 펀드가 있다. 즉, 주가가 떨어지면 되레 이익을 보는 펀드이다. 남 안 되기를 바라기 때문에 대중적으로 그렇게 환영받지는 못하는 문제가 있긴 하다.

그런 펀드들은 대부분 펀드명에 거꾸로란 의미의 '리버스' 라든지, 주식시장에서 약세장을 뜻하는 '베어' 라는 단어들을 사용한다. 어떻게 운용하기에 주식시장이 하락하면 돈을 벌 수 있을까?

장래의 일정 시점에 얼마에 팔겠다고 현재 시점에 계약을 하면 된다. 이를 선물매도라고 한다. 예를 하나 들면 쉽게 이해할 수 있을 것이다.

펀드매니저 지호가 있다. 지호는 앞으로 주식시장이 하락할 것으로 굳게 믿고 있다. 그래서 3개월 후에 주식을 10,000원에 팔 수 있는 계약을 한다. 이 거래의 상대방은 아마도 주식이 10,000원 이상으로 오를 것으로 예상할 것이다. 이제 지호는 3개월 후에 주식이 10,000원 밑으로 내려가기만을 기다리면 된다. 물론 이 계약을 수행하기 위해 각종 비용이 들겠지만 여기서는 무시하기로 한다. 그리고 기도하는 마음으로 3개월을 기다렸더니 지호의 꿈이 이루어졌다. 10,000원에 팔기로 한 주식이 8,000원으로 떨어진 것이다.

과연 지호는 얼마를 벌었을까. 가만히 앉아서 2,000원을 벌었다. 만기일에 시장에서 주식을 8,000원에 사서 10,000원에 팔면 되기 때문이다. 그러나 반대로 주가가 12,000원으로 오른다면 12,000원에 주식을 사서 10,000원에 팔아야 하기 때문에 손해를 보게 된다.

리버스 펀드는 주식을 팔기로 한 계약에만 투자하는 펀드이다. 그러나 개별 주식을 파는 것이 아니라 KOSPI200지수를 판다. 만약 KOSPI200지수가 하락할 것이라고 예상하고 3개월 후에 KOSPI200지수를 100포인트에 파는 계약을 한다. 3개월 후에 KOSPI200지수가 100포인트 이하로 떨어지면 이익이 발생하고 100포인트 이상이 되면 손해를 보게 될것이다. 우리나라에서는 KOSPI200지수를 파는 계약을 하게 된다.

펀드수익률과 종합주가지수가 거의 대칭을 이루는 것을 발견할 수 있다. 그리고 차트 하단의 '선물포지션 비율' 항목에는 선물매도만으로 운용되고 있음을 알 수 있다.

리버스 펀드는 장기투자를 위한 상품으로써의 가치는 떨어진다. 리버스는 기본적으로 주가가 지속적으로 하락해야 돈을 벌 수 있는 구조인데, 주가는 무한히 하락할 수 없기 때문이다. 극단적으로 모든 주가의 가치가 0이 되면 더 이상 하락할 여지가 없다. 반면에 주가의 상승은 무한대까지 갈 수도 있다.

해외펀드

해외 채권이나 주식에 투자하는 각종 해외펀드가 쏟아져 나오고 있다. 해외 굴지의 금융회사가 만든 상품을 국내 금융 기관들이 팔고 있는 것이다. 부동산과 주식시장이 침체되고 금리가 급락하면서 해외펀드가 새로운 투자처로 떠오르고 있는 것이다. 그러나 해외펀드 역시 원금을 까먹을 가능성이 있는 실적 배당형 상품인 데다 우리에게 아직 생소하다는 점 등을 고려해 꼼꼼히 따져보고 투자하는 것이 바람직하다.

| 국내 펀드 가입과 다른 측면 |

"해외투자펀드의 주요 고객 층은 달러화(貨) 자산이 많아 환 위험 헤지(투자 위험 상쇄)가 필요하거나 유학생 자녀를 둔 중산층 이상의 투자자들"이다.

해외펀드는 국내에 장기투자를 할 만한 대안이 부족한 투자자들이 통화별 분산을 통해 궁극적인 의미의 위험 분산(가치보존 목적)을 할 수 있다는 장점이 있다. 해외 선진국의 자본시장이 아무래도 국내보다 안정적이라는 심리적 측면도 있다.

해외 펀드의 매력 중 하나는 환율이다. 최근에 판매되고 있는 펀드들은 대부분 선물한 거래를 병행하고 있어 오히려 환차익을 노릴 수 있다. 관계자들은 연 7%대의 평균수익률 외에 선물한 마진(연 2.5%, 비과세)의 추가 수익이 가능하다고 말한다. 또 해외 펀드들은 대개 가입 기간이 정해져 있지 않아 중도환매 때도 수수료를 내지 않아도 된다.

| 해외펀드 3가지 투자 요령 |

첫 번째, 투자 운용회사의 선정이다. 해외투자상품은 상품을 판매하는 판매회사와 그 상품을 실제 운용하는 운용회사가 각각 따로 있는데 해외투자상품의 수익률은 운용회사의 운용능력에 의해 결정된다. 가장 알아보기 쉬운 운용능력은 과거의 실적이다.

두 번째는 해당 투자상품의 평가등급이다. 대개 해외 투자 상품들은 S&P나 MICROPAL 등과 같은 펀드 평가회사에서 등급을 나눈다.

이 평가등급은 비슷한 종류의 해외투자 상품 중에서 이 투자 상품이 어느 정도에 위치하는지 과거실적을 포함한 종합적인 평가를 하여 등급을 분류하므로 평가등급이 좋은 해외투자 상품을 선택하는 것이 유리하다.

세 번째는 전문가의 도움이다. 해외투자상품은 상품 종류가 너무나 많아 투자자 개인이 상품을 고르기가 쉽지 않다. 훌륭한 PB나 컨설턴트는 투자자의 목적과 니즈에 맞춰 투자자를 위해 엄선된 투자상품만을 제공한다.

| 해외펀드 투자시 주의할 점 |

그렇지만 해외펀드 역시 실적배당 상품인 만큼 원금을 까먹을 수 있다는 점을 명심해야 한다. 수익률뿐만 아니라 다양한 요소를 꼼꼼히 살펴봐야 한다는 얘기다. 전문가들은 해외펀드에 투자할 때 유의 사항으로 다음의 일곱 가지를 꼽는다.

1) 무엇보다 중요한 것은 수익률이다.

2) 수익률만큼 중요한 위험률도 살펴야 한다. 수익률 변동폭과 각종 지표를 고려하되 변동 폭이 크면 위험도 크다는 것을 알아야 한다.

3) 주식, 채권 등의 투자비율을 챙겨봐야 한다.

4) 국가별 투자비중을 따져보라. 고위험 고수익 국가군(이머징 마켓)에

주로 투자하는 펀드인지, 저위험 저수익 국가군(선진시장)에 투자하는 것인지 따져 자신의 투자 성향에 맞게 선택해야 한다.

5) 보유 종목의 건전성도 들여다봐야 한다.

6) 펀드 사이즈를 알아봐야 한다. 같은 성격이라면 사이즈가 큰 펀드가 덜 위험한 반면 수익률도 비례한다.

7) 펀드의 수수료 등 제반 비용을 비교해 본다.

펀드 종류에 따른 투자 방법

Part.

7

S E C R E T

펀드 가입 방법

펀드 가입 전에 체크해야 할 사항

1. 당신의 투자 목표는 무엇인가?

당신이 펀드에 투자하는 목적이 주택마련인가 노후자금 마련인가 아니면 자녀교육비를 위한 투자인지를 명확히 알아야 한다.

본서의 재테크 START 란에서 언급했듯이 재테크나 투자는 목표가 분명히 있어야 한다. 특히 위험이 많은 펀드 투자에 있어서 목표가 명확하지 않으면 실패하여 쪽박 차기 쉽다.

2. 투자기간을 선정하라

목적이 정해졌으면 당연히 투자기간이 나온다. 단지 이 수치를 명확히 해야 한다는 것이다. 10년 후 내집 마련이냐 20년 후 노후설계냐 수치가 명확해야 한다.

3. 원하는 목표금액은 얼마인가?

내 집 마련이라면 내 집의 집값을 알아야 하고, 노후의 필요한 자금이라면 노후에 얼마가 필요한지를 알아야 한다. 주식형 펀드의 수익률은 10% 정도로 보는 것이 좋다. 장기투자는 항상 이율이 높지 않다는 것을 염두에 두어야 한다.

4. 당신의 투자 성향

재테크는 외로운 싸움이다. 이 싸움을 하다가 보면 스트레스를 많이 받게 된다. 스트레스를 받아가면서도 장기적으로 긴 싸움을 할 수 있는지 아니면 단기적으로는 견디어도 장기전에는 약한지 당신의 투자 성향을 알아야 한다.

펀드 가입하는 두 가지 방법

'구슬이 서 말이라도 꿰어야 보배'라는 속담이 있듯이 펀드에 관심이 많아도 가입하지 않으면 아무 소용이 없다. 은행금리에 만족할 수 없고, 장기 투자할 각오가 섰다면 이제 펀드에 가입하는 일만 남았다.

펀드에 가입하는 방법은 크게 두 가지가 있다. 하나는 은행이나 증권사 지점 수익증권 창구를 직접 방문해서 가입하는 방법과, 다른 하나는 인터넷으로 가입하는 방법 두 가지이다. 그러나 인터넷으로 가입할 때도 처음 가입 시에는 창구에 가서 펀드 통장을 만들어야 하기 때문에 한 번은 직접 판매사 창구에 들러야 한다. 지금부터 구체적으로 가입 방법을 알아보겠다.

현재 펀드, 즉 수익증권은 거의 모든 증권사와 은행 지점에서 가입이 가능하다. 자신이 가입하고 싶은 특정한 펀드가 있다면 그 펀드를 판매하는 가까운 증권사나 은행 지점을 방문해야 한다. 이 때 자신이 가입하고 싶은 펀드를 어느 판매사에서 판매하는지 먼저 알아야 한다.

예를 들어 '미래에셋 디스커버리펀드'가 좋아서 가입하려고 할 때 무작정 아무 판매사나 찾아가면 되는 게 아니라, 이 펀드를 파는 미래에셋증권 전국 지점이나 국민은행으로 찾아가야 한다.

다음으로 자신이 가입하고자 하는 특정한 펀드가 없다면, 일단 대형 증권사나 은행을 방문해야 한다. 펀드를 파는 증권사로는 삼성증권, LG투자증권, 푸르덴셜증권, 대우증권, 현대증권, 굿모닝증권, 미래에셋증권, 한국투자증권, 대한투자증권 등이 있고, 은행은 국민은행과 우리은행, 하나은행이 펀드가입 전용 창구를 두고 있다. 이들 금융기관의 가까운 지점에 들르면 되고 보통 이들 판매사에 가면 '수익증권 전용창구'가 있으므로 이 창구로 가면 된다.

펀드에 가입할 때 준비해야 할 것으로는 가입할 돈 이외에 주민등록증과 도장이 있다. 보통 1만 원만 있으면 펀드 가입이 되지만, 뮤추얼펀드의 경우 최소 가입금액이 100만 원 이상인 것도 있고, 일부 해외펀드의 경우

500만 원인 상품도 있으니, 해당 판매사에 가서 자신이 가입하고자 하는 펀드의 최소 가입금액을 물어보는 것이 좋다.

펀드를 판매하는 창구에 무사히 찾아갔다면 그 다음부터는 자격을 갖춘 전문 상담사의 도움을 받으면 된다. 보통 자신의 투자성향을 잘 모른다면, 준비된 설문지로 간단한 테스트를 받은 후 그에 따른 펀드상품을 권유받게 된다.

예를 들어 자신의 성향이 공격적이라면 주식형펀드나 인덱스펀드를, 다소 안정 지향적이라면 채권이 많이 들어 있는 혼합형펀드나 전환형펀드, 원금손실은 눈뜨고 볼 수 없는 보수적 투자자라면 국고채펀드나 ELS펀드 등을 권유받게 되는데 결정은 본인이 한다.

| 인터넷으로 가입하기 |

판매사 창구에 직접 찾아가기 힘든 사람은 인터넷으로 펀드를 거래할 수 있다. 아무래도 인터넷으로 거래하는 것이기 때문에 펀드를 잘 아는 사람이나 거래를 많이 해본 사람들이 이용하면 편리할 것 같다. 그러나 인터넷 거래도 한 번은 판매사에 들러서 수익증권계좌를 개설해야 한다. 즉, 판매사 지점에 가서 수익증권계좌를 개설해야 한다. 즉, 판매사 지점에 가서 수익증권계좌를 개설해야 하는데 이때는 역시 주민등록증과 어느 정

도의 가입 금액이 필요하다. MMF의 경우 가입금액에 제한이 없지만 수익증권을 사야 하기 때문에 1원 이상 가지고 가야 한다. 일단 수익증권계좌나 종합계좌에 가입하면 이때부터 인터넷으로 수익증권, 즉 펀드를 사고 팔 수 있다. 주의할 점은 일반 주식계좌로는 펀드거래를 할 수 없기 때문에 반드시 수익증권 전용계좌나 종합계좌를 개설해야 한다는 것이다.

계좌를 개설했다면 인터넷으로 해당 증권사나 은행에서 판매하는 펀드를 자유롭게 사고팔 수 있다. 그러나 A판매사의 계좌를 개설했다고 해서 모든 펀드를 사고팔 수 있는 건 아니다. 다시 말해 A판매사에서 판매하는 펀드에 한해서만 펀드거래를 할 수 있다. 그래서 판매사의 선택이 중요하다. 대부분의 판매사들은 계열사 상품을 주로 팔기 때문에 판매사를 선택할 때는 여러 운용사의 검증된 펀드를 판매하는 판매사를 찾아가는 것이 좋다.

계좌를 개설한 후 인터넷 펀드거래를 위해서는 꼭 필요한 것이 있다. 바로 해당 판매사 홈페이지에서 인터넷 ID와 비밀번호 등을 입력해 회원으로 가입해야 하고, 금융거래 공인인증서가 필요하다. 기존에 사용하던 공인인증서가 있으면 그것을 그대로 사용하면 되고, 만약 공인인증서가 없으면 '공인인증서 확인'을 클릭한 후 절차에 따라 인증서를 발급받으면 된다.

계좌를 만들고 인터넷 회원가입을 마치고 공인인증서를 발급받았다면 이제는 자유롭게 인터넷으로 펀드거래를 할 수 있다.

직접 계좌를 개설해 보는 것이 중요하다. 인터넷으로 하는 펀드거래는 계좌를 개설하는 번거로움은 있으나 한번 숙달되면 창구에 가지 않고서도 펀드거래를 할 수 있다는 점에서 편리하다. 그러나 대부분의 투자자들은 인터넷 거래보다는 판매사 청구거래를 더 선호하고 있다. 전문 상담사와 펀드가입 상담을 받을 수 있는 장점 때문이다. 아울러 인터넷으로 펀드를 가입하는 절차와 방법은 판매사 인터넷 홈페이지마다 조금씩 다르므로 직접 해당 판매사 인터넷 홈페이지를 방문해서 가입해 보는 것이 좋다.

펀드 가입 방법

펀드 가입시 주의할 점

펀드에 가입하기 전, 몇 가지 주의해야 할 점이 있다. 판매사 직원들이 잘 알려주겠지만, 그래도 돌다리도 두들겨 가라는 마음으로 아래 사항들은 항상 유념해 두는 것이 좋다.

1. 펀드만기가 언제인지

보통 뮤추얼펀드는 만기가 따로 없다. 미국에는 좋은 펀드일수록 펀드 나이도 오래된 것들이 많다. 그러나 우리나라에서는 아직까지 오래된 펀드가 많지 않아서 펀드 나이만으로 이 펀드가 좋다 나쁘다 평가할 수는 없다. 일반적으로 펀드는 1년 정도가 만기인데, 만기라고 해서 꼭 돈을 찾을 필요는 없다. 은행적금 만기가 3년인데 만기가 됐다고 해서 돈을 찾을 필요가 없듯이, 펀드 역시 마찬가지란 얘기다. 요즘엔 판매사의 서비스가 좋아져 펀드 만기가 되면 자동으로 안내 전화를 해주기 때문에, 평소에 열심히 일상생활을 하다가 만기가 가까워오면 그때 펀드 수익률이나 기타 궁금한 점을 상담해야 된다.

2. 중간에 돈을 찾을 때 수수료가 있는지

여윳돈으로 투자를 했더라도 갑자기 목돈이 필요해 부득이하게 만기 전에 돈을 찾아야 하는 경우가 생길 수 있다. 중간에 돈을 찾는 것을 '중도환매' 라고 하는데, 펀드 운용이 시작된 지 얼마 지나지 않아 돈을 찾으면 그에 따른 불이익이 주어진다. 바로, '중도환매 수수료' 라고 하는 것으로, 이 수수료는 펀드 상품마다 다르다. 예를 들어 3년 만기 A 주식펀드에 가입한 후 3개월 이내에 돈을 찾으면 이익금의 90 %를, 6개월 이내에 돈을 찾으면 이익금의 70 %를 수수료로 물어야 하는 상황이 발생할 수도 있다. 따라서 펀드에 가입하기 전 환매수수료가 얼마인지 꼼꼼히 따져봐야 한다.

요즘은 이같은 번거로움을 없애기 위해, 가입할 때 수수료를 1 % 떼고 아무 때나 돈을 찾을 수 있는 선취수수료형 펀드도 등장하고 있는데도, 예를 들어 100만 원을 펀드에 투자하면 1 %인 1만 원을 수수료로 먼저 떼고 99만 원으로 운용을 시작한 수, 기간에 관계없이 돈을 중간에 찾더라도 수수료를 물지 않는 것이다. 따라서 자신에게 어떤 스타일이 맞는지 미리 확인하는 것이 좋다.

3. 중간에 돈을 추가로 입금할 수 있는지

펀드는 중간에 돈을 추가로 넣을 수 있느냐 없느냐에 따라 추가형과 단위형으로 나눈다고 펀드의 분류에서 배웠다. 자신이 가입한 펀드가 중간에 돈을 더 넣을 수 있는지 없는지를 미리 확인한 후 펀드에 가입하라. 예상치 않았던 여유자금이 생겼다거나 주가가 단기간에 많이 떨어져 가격이 싸 보일 때는 중간에 돈을 더 넣는 것이 유리할 것이다.

4. 운용보수와 판매보수 등 수수료가 어느 정도인지

보통 펀드에 가입할 때 판매사 직원들이 펀드와 관련된 보수에 대해선 잘 언급하지 않는 경우가 있다. 자신들의 이익에 반하는 내용이 있어서이기도 하지만, 보수나 수수료를 언급하면 복잡하기 때문에 일부러 이 부분은 그냥 얼버무리기도 하는데, 고객 입장에선 펀드 가입에 따른 보수나 수수료를 꼼꼼히 따져볼 필요가 있다.

펀드와 관련된 보수는 크게 다음 3가지를 들 수 있다.

① 펀드 운용사에 지급하는 운용보수

② 증권사나 은행 등 판매회사에 지급하는 판매보수

③ 자산보관회사에 지급하는 수탁보수

　보통 주식형펀드의 경우 펀드 순자산가치의 연 2~3 % 정도, 채권형펀드의 경우 연 1~2 % 정도 수수료가 부과되는데, 다른 조건이 같다면 펀드 수수료가 저렴한 펀드를 선택하는 것이 좋다. 특히 5 년 이상 장기 투자하는 경우 수수료에 따라 펀드 수익률이 많게는 10 % 이상 차이가 나기도 하는 만큼, 수수료가 얼마인지를 반드시 확인해야 한다. 또 투자수익을 계산할 때 사용되는 펀드의 기준가격은 이미 이러한 보수들을 제외한 가격이라는 것도 알아두면 좋다.

　참고로 수수료가 싼 펀드 가운데 인덱스펀드가 있는데, 인덱스펀드는 수수료가 싸다는 이유만으로 5 년 이상 장기 투자할 경우 다른 주식펀드보다 수익률이 좋을 확률이 그만큼 더 커진다. 주식이 오르고 내릴 확률을 반반이라 한다면, 상대적으로 수수료가 저렴한 펀드가 수익률이 더 좋을 수밖에 없다. 따라서 선진국에서 이런 인덱스펀드 투자가 보편화되어 있다.

돈이 되는 펀드 고르는 비결

앞에서는 펀드 만기와 환매 수수료 추가 입금 여부, 펀드의 보수 등을 점검해 봤다. 좀 복잡하다고 느낄 수도 있지만, 이는 은행 정기예금이나 적금도 마찬가지다. 금리가 얼마인지, 정기예금이나 적금을 중간에 찾으면 불이익은 없는지, 원금 보장은 되는지, 변동금리인지 확정금리인지 등을 따져야 하듯 펀드도 위에서 열거한 사항들을 기초지식으로 알아두어야 한다. 이제 이런 것들을 잘 알고 있다면, 좋은 펀드를 고르는 것은 시간문제이다. 펀드 고르기와 관련해서 중요한 사항들을 정리해 봤다.

1. 과거 성과가 좋은가?

한 달에도 수십 개의 펀드가 만들어지고 사라진다. 그 중 좋은 펀드를 고르기 위해 가장 먼저 할 일은 펀드, 혹은 운용사의 과거 운용성과가 어느 정도인지 체크하는 일이다. 신차가 나오면 이 차의 성능과 기능이 어떤지 알 수 없듯이, 새로운 펀드가 나오면 이 펀드의 운용성과가 좋을지 안 좋을지 예측하기 힘들다. 따라서 펀드가 나오면 이 펀드의 우선 과거 수익률 정보가 있는지부터 확인해야 하는데, 예를 들어 과거 3년 동안 펀드 운용성과가 다른 비슷한 유형의 펀드보다 좋을 경우, 그 펀드나 운용사는 믿을 만하다고 판단해도 좋다. 보통 1년은 운으로 성과가 좋을 수도 있지만, 3년 내내 성과가 좋은 것은 운이라기보다는 운용사의 능력이나 펀드매니저의 실력일 가능성이 높기 때문이다.

따라서 펀드를 고를 땐 과거의 운용성과를 꼭 확인해 보라. 하지만 과거 3년 동안 운용성과가 좋다고 해서 앞으로 3년도 좋으리라는 보장은 없다. 결국 펀드의 과거 운용성과는 참고자료일 뿐 미래의 수익률을 예측하는 자료로 활용해서는 안 된다는 얘기다. 한 가지 더, 두 펀드의 과거 성과가 비슷하다면 그 중 수익률 변동성이 적은 펀드가 더 유리하다. 과거 수익률이 들쑥날쑥하다는 얘기는 곧 이 펀드의 위험관리가 엉망이라는 뜻이기 때문이다.

2. 믿을 만한 운용사인가?

과거 운용성과가 좋은 펀드를 찾았다면, 해당 펀드를 운용하는 운용사가 어떤 회사인지를 체크한다. 설립된 지는 얼마나 됐고, 시장에서 믿을 만한 회사로 소문이 났는지, 또 운용철학과 운용스타일은 어떤지를 알아봐야 한다. 요즘은 외국의 유명한 운용사들이 한국에 많이 들어와서 국내 회사들과 경쟁하고 있기 때문에 운용사들의 자질이 전체적으로 많이 높아졌는데, 유명 외국 회사의 경우 내부규정이 국내회사보다 까다롭고 투자가 보호와 관련해 더 엄격한 경우가 많으므로 이름 있는 외국 회사에 가입하는 것도 좋은 방법이다.

외국운용회사에 돈을 맡기면 국부유출이라는 생각을 하기도 하지만, 고객의 돈을 소중히 여기고 일관된 운용철학으로 높은 수익을 안겨줄 수 있다면 이런 생각은 기우에 지나지 않을 것이다. 어쨌든 고객입장에서는 국내회사든 외국회사든 고객의 이익을 최대한 보장해주고, 내부규정이 까다로워 펀드매니저가 장난을 치기 힘든 회사에 돈을 맡기는 것이 안전하다.

3. 믿을 만한 판매사인가?

운용사 못지않게 중요한 것이 판매사이다. 펀드를 판매하는 회사는 보통 운용사를 자회사로 가지고 있다. 예를 들어 국민은행은 KB자산운용을, 삼성증권은 삼성투신을 각각 자회사로 두고 있다. 또 이들 은행과 증권사에서는 자회사의 펀드상품을 판매하는 것이 일반적인데, 설사 다른 운용회사의 상품을 팔더라도 그 비율이 낮고, 고객에게 펀드상품을 내밀 때 자사의 상품을 먼저 권유하기도 한다. 팔은 안으로 굽기 마련이다. 따라서 판매사를 선택할 때는 이런 자회사 상품 끼어팔기식이 아닌, 진정으로 고객을 위한 펀드를 판매하는지를 살펴봐야 한다.

우리나라에서는 외국계 은행인 씨티뱅크가 펀드 판매사의 역할을 잘하고 있다고 평가 받는다. 씨티뱅크는 자회사의 펀드를 파는 것이 아니라, 운용철학이나 운용의 전문성, 투명성, 과거 성과 등을 꼼꼼히 따져 펀드평가회사에서 우수한 펀드로 입증된 상품만을 팔겠다고 선언하고 나서 화제가 되고 있다. 이처럼 자회사의 펀드가 아닌 좋은 운용사의 펀드를 골라 파는 판매사를 선택하면 펀드투자의 절반은 성공한 셈이다.

4. 기왕이면 1호 펀드에 가입한다

판매사에서 펀드를 팔 때 같은 종류의 상품을 여러 차례에 걸쳐 모집하는 경우가 있는데, 이 때는 맨 먼저 모집하는 1호 펀드에 가입하는 것이 유리하다. 물론 뒤에 나오는 2호, 3호 펀드가 소홀하게 운용되는 것은 아니지만, 아무래도 1호 펀드가 잘 돼야 2호, 3호 등도 잘 팔리므로, 펀드를 운용하는 회사나 판매하는 회사 모두 1호 펀드에 각별히 신경을 쓸 가능성이 높다. 따라서 펀드에 가입할 때는 기왕이면 1호 펀드를 선택하는 것이 바람직하다.

5. 펀드의 규모가 큰 것을 고른다

펀드 수익률이 비슷한 A, B 펀드가 있다고 한다면, 펀드 규모가 큰 것을 골라라. 펀드 규모가 크다는 것은 그만큼 많은 투자자들이 돈을 믿고 맡겼다는 것이고, 때문에 운용사도 더 책임 있게 펀드를 운용할 가능성이 크다. 또 펀드 규모가 크면 위험관리나 운용방식에 있어서 규모가 작은 펀드와 차이가 날 수밖에 없다. 믿을 만한 운용회사의 펀드이고 과거 수익률이 좋더라도 펀드 규모가 차이가 많이 난다면 큰 것을 고르는 것이 좋다.

펀드 환매 절차와 수수료

펀드에서 돈을 찾는 것을 환매라고 하는데 환매는 크게 두 가지로 나누어진다. 펀드 만기가 돼서 찾는 경우와 만기가 되지 않았지만 돈이 급해서 찾는 두 가지 경우이다. 전자는 환매수수료에 신경을 쓸 필요가 없지만, 위에서 지적했듯이 만기 전에 펀드 환매를 할 경우 수수료가 얼마인지를 확인해야 한다. 이번에는 펀드 환매절차와 환매 시 주의사항에 대해 알아보겠다.

| 환매 절차 |

은행에서 돈을 찾을 때는 출금신청을 하거나 현금카드로 은행 ATM기에서 바로 돈을 찾을 수 있다. 그러나 펀드의 경우 돈을 찾는다는 신청을 해도 당일에 돈을 내주지 못한다. 왜 그럴까? 펀드는 현금이 아닌 주식이

나 채권으로 자산을 보유하고 있기 때문에, 환매 신청이 들어오면 주식이나 채권 등을 팔아서 현금을 만들고, 이 현금으로 고객의 환매에 응하게 된다. 따라서 펀드에서 돈을 찾을 때는 3~4일이 걸리는 것이다. 채권펀드의 경우 월요일에 환매신청을 하면 수요일에 돈을 찾을 수 있고, 주식펀드나 혼합형펀드는 목요일에 돈을 찾을 수 있다. 그러나 MMF의 경우는 자산구성이 당장 팔아 현금화할 수 있는 콜이나 CD, 기업어음 등 현금성 자산으로 이루어져 있기 때문에 환매를 신청한 당일에 돈을 출금할 수 있다.

★ 환매 흐름도

구 분	처 리 내 용
제1영업일 →	고객환매청구
제2영업일 →	주식 또는 채권매도
제3영업일 →	기준가격확정, 채권형 환매대금 지급
제4영업일 →	주식형 환매대금 지급

| 중도환매 수수료란? |

중도환매 수수료는 이미 말한 대로 펀드의 계약기간을 위반한 위약금이다. 펀드에 돈을 가입하고 수시로 입출금을 하면 펀드의 운용에 방해가 될 것이다. 따라서 펀드 운용의 안정성을 높이기 위해 이런 제도를 만들었다.

또 환매수수료는 판매사나 운용사가 갖는 것이 아니라 펀드의 재산으로 편입되기 때문에 중간에 환매하면 기존의 펀드 가입자들한테 좋은 일을 하는 셈이 된다. 따라서 꼭 필요한 돈이 아니면 중간에 돈을 찾지 않는 것이 좋다.

보통 펀드 가입 후 기간에 따라 환매수수료가 다르므로 가입 시 계약서의 설명서를 참조하라. 또, 수수료는 해당 기간에 발생한 이익금의 일정부분을 위약금 형태로 물게 된다는 점도 알아두면 편리하다.

즉, 중간에 돈을 찾았는데 원금이 깨졌다면 환매수수료는 없지만 반대의 경우 이익금액의 일정부분을 환매수수료로 징수하게 되는 것이다.

펀드 운용사 선택과 절세 비결

독립계 운용회사가 좋다

이번 장에서는 포트폴리오에 들어갈 펀드를 고를 때 어떤 점에 주의를 해야 하는가에 대해 이야기해 보자. 어느 투신운용사가 운용하는 어떤 펀드를 고르느냐는 포트폴리오를 짜는 것 이상으로 중요하다.

펀드를 고를 때 판매회사만 보고 펀드를 운용하는 회사에 대해서는 신경 쓰지 않는 투자자가 많다. 그러나 펀드의 운용성적은 운용회사에 달려 있다. 그렇다면 어떤 운용회사를 골라야 할 것인가? 결론부터 말하면 '독립계' 또는 독립적으로 경영이 이루어지는 운용회사의 펀드를 고르는 것이 성공확률이 높다.

우리나라의 운용회사들 투신운용사 설립의 자본금 요건을 100억 원 이상으로 하는 등 진입장벽이 너무 높기 때문에 대부분의 운용사들은 대기업 그룹의 계열사거나 금융기관의 자회사다. 그것도 모회사의 필요에 의해 설립된 경우가 많고, 필요한 인원을 모회사에서 비슷한 업무를 하던 사람을 데려오거나 외부에서 스카우트한 사람으로 구색만 갖춰 설립하다 보니 운용사에게 가장 필요한 운용철학이 제대로 정립되어 있을 리가 없다. 이는 '운용업'을 자본금과 사무실과 사람만 모아 놓으면 간단히 할 수 있는 '업'으로 착각하고 있기 때문이다.

운용회사에서 가장 중요한 것은 운용철학이고, 이를 뒷받침하는 것은 운용시스템이다. 운용시스템이 구축되어 일정 기간의 운용성적이 나오면 이를 외부의 운용평가기관이 평가를 내린다. 투자자는 운용회사의 PR광고가 아니라 제3자의 평가기관이 내리는 평가기록을 보고 투자를 한다. 이것이 선진국에서 보는 운용회사와 투자자의 관계다.

그러나 우리나라 대부분의 운용회사는 조직에 뿌리내린 운용철학을 갖고 있지도 않고 '장기간의 운용성적에 대한 기록'도 없다. 따라서 운용평가기관으로부터 평가를 받지 못한다. 이러니 영업은 과대광고와 스타 매니저를 앞세운 마케팅전략에 의존할 수밖에 없는 것이다. 그나마 모회사의 필요에 의해 수시로 경영자와 펀드매니저가 바뀐다. 바뀔 때마다 새로 맡은 사람은 과거를 무시하고 새로 판을 짜서 다시 시작한다. 이런 운용회사에게 일관성 있는 운용철학과 운용시스템을 기대할 수는 없다. 독립계 운용회사에 주목해야 할 이유가 바로 여기에 있다.

왕초보 펀드투자 시크릿

과거 운용성적을 과신하지 말라

펀드투자에 성공하기 위해서는 펀드를 운용하는 회사의 선택이 중요한데, 그 선택이 말처럼 쉽지 않다. 운용회사의 내부를 직접 살펴볼 수 없는 일반투자자의 경우에는 투신평가회사의 자료를 참고할 수밖에 없고, 이들 평가자료는 대부분 과거 성적을 기초로 하기 때문이다. 이들은 같은 유형의 펀드 가운데 과거 1~3년간의 운용성적 순위 또는 별 다섯 개 만점 중 몇 개 등으로 펀드등급을 표시하고 있다. 제대로 된 운용철학을 갖고 있는지, 펀드매니저가 바뀔 경우 운용방침의 연속성을 확보할 수 있는 시스템은 구축되어 있는지 등의 내부구조적인 요소는 제대로 반영되지 못하고 있는 것이다.

따라서 이러한 평가자료에서 높은 점수를 받은 펀드라 해도 그 펀드에 투자하면 틀림없이 좋은 운용성적을 얻을 수 있다는 보증은 없다. 그런데도 투자자들은 대부분 이 과거 성적표를 보고 투자하는 경우가 많다. 펀드 선진국이라고 하는 미국에서도 투신시장에 유입되는 자금의 80 % 정도는 별 다섯 또는 별 넷으로 표시된 펀드에 유입되고 있다고 한다. 그리고 나서 별 다섯의 펀드에 투자했는데 손해를 봤다고 불평하는 투자자가 많다는 것이다.

그러나 펀드평가는 호텔이나 레스토랑의 등급과는 다르다. 호텔 · 레스토랑의 경우에는 평가자의 주관에 따라 등급이 결정되기 쉽다. 그렇지만 높은 등급의 호텔 · 레스토랑에 가면 훌륭한 서비스와 맛있는 음식을 먹을 수 있는 확률이 매우 높은 것 또한 사실이다. 이에 비해 펀드에 대한 평가는 기본적으로 과거의 운용성적을 객관적으로 순서를 매겨 간단한 부호로 표시하고 있을 뿐이다.

따라서 펀드평가회사는 실력이 없어서 좋은 운용성적을 내지 못한 운용회사와, 실력은 있는데 운이 나빠서 일정 기간만으로는 좋은 성적을 내지 못한 운용회사를 구별해 내기 위해 노력한다. 또한 장래에 뛰어난 운용성적을 만들어낼 만한 실력을 갖추고 있는 운용회사와, 단지 운이 좋아서 일시적으로 좋은 성적을 낸 운용회사를 구별해 내기 위해 끊임없이 노력한다.

평가대상 운용회사의 주주 구성으로 볼 때 운용의 독립성과 일관성을 지켜나갈 수 있겠는가, 제대로 된 운용철학을 갖고 있는가, 운용조직은 안정적인가, 위험관리 시스템은 구비되어 있는가, 최고경영자·펀드매니저의 실력은 어떤가 등을 파악하여 '정성평가' 자료를 만들어 내고 있는 것이다.

그런데 이러한 정성평가 자료는 일반투자자가 구하기도 어려울 뿐더러 구한다 하더라도 그 내용을 이해하기가 쉽지 않다. 결국 그 내용을 알기 위해서는 실력 있는 FP의 도움을 받지 않으면 안 되는 것이다.

실력 있는 FP를 만나라

실력 있는 FP는 혼자서 모든 분야에 대해 전문적인 지식을 갖고 있을 필요는 없지만 다른 전문가의 협력을 담아서라도 종합적인 조언을 해줄 수 있는 능력은 있어야 한다.

또한 전문지식 못지않게 중요한 것은 비밀유지다. 고객이 자문을 받으려면 자신의 보유자산 내역을 전부 공개해야 한다. 따라서 고객으로부터 신뢰받을 수 있어야 한다. 그러나 예전에는 이런 요건들을 모두 갖춘 전문가를 찾아 소개하기가 쉽지 않았다. FP 등의 명함을 가진 금융기관 직원들은 많지만 이들이 금융상품을 종합해서 조언해 주는 경우는 거의 없었고, 어느 특정 상품만을 전담 판매하는 경우가 대부분이었던 것이다. 은행이나 증권회사의 인사정책이 종합적인 상담 능력을 키우기 어렵게 되어 있었던 탓이다.

그러나 2~3년 전부터 크게 달라졌다. 은행에서 투신상품과 보험상품을 판매할 수 있게 되고 증권사 또한 자산관리형 영업을 강화하면서 실력 있는 FP들을 양성하기 시작했던 것이다. 그 영향으로 금융상품과 부동산 뿐 아니라 금융상품 관련 세제, 상속세제 등에 이르기까지 자산관리와 관련된 것이라면 모든 분야에 대해 상담할 수 있는 FP들이 늘고 있다. 자산관리 분야의 전문성을 키워가기 위해 FP연구모임을 조직하여 열심히 공부하고 있는 FP들도 많다.

몸이 아플 때 주치의가 필요한 것처럼 FP는 자산운용의 주치의라고 할 수 있다. 일반투자자들이 자산운용에 성공하려면 실력 있고 믿을 만한 FP를 만나는 것이 무엇보다도 중요하다. 이제는 투자자들이 거래은행이나 증권회사를 고를 때 그 회사의 규모와 간판보다는 우수한 FP가 있는지, 그리고 서비스의 내용은 어떠한지를 보고 판단해야 하는 시대이다.

실력파 FP를 찾아라

최근 들어 은행, 증권회사 등에서 '영업'이라는 직명 대신에 FP 또는 PB라고 불리는 직원들이 늘고 있다. 그러나 이들 모두가 '자산운용의 주치의'라고 할 만큼 실력 있고 신뢰할 만한 전문가인지는 의문이다. 금융과 관련된 지식뿐 아니라 고객과의 커뮤니케이션 능력을 갖추는 게 쉽지 않기 때문이다.

따라서 다음 몇 가지의 체크 포인트를 가지고 실력파 FP를 선별할 필요가 있다.

1. 갑작스런 상담에도 대응해 주는가?

살다 보면 갑작스런 사태가 발생할 수 있다. 큰 돈이 생길 수도 있고 크게 손해 보는 경우도 있을 수 있다. 또한 자산운용계획을 근본적으로 바꿀 필요는 없다 하더라도 다소 수정해야 할 일이 생길 수도 있다. 이런 때에 부담 없이 연락하여 상담할 수 있는 FP인지를 살펴봐야 한다.

2. 시간을 들여 고객을 이해하려고 하는가?

자산운용의 어드바이스를 받으려면 투자자 자신의 개인적인 사정을 자세히 이야기해야 하지만 처음부터 그러기는 쉽지 않다. 시간이 필요한 것이다.

그런데 처음 만나서부터 성급하게 이것저것 개인적인 사정을 질문하는 FP가 있다면, 이는 인간관계의 기본을 잘 모르고 있다는 증거다. 이런 FP는 피하는 게 좋다. 물론 신뢰할 만한 FP라고 판단된다면 FP의 질문에 대해 솔직하게 대답하는 것이 자산운용에 도움이 될 것이다.

3. 고객의 생각을 자연스럽게 끌어내려고 하는가?

만나자마자 "재산이 얼마나 되지요?", "자산형성의 목표는 무엇인가요?"라고 묻는 FP가 있다면, 이 또한 훌륭한 FP라고 할 수 없다. 자연스럽게 신뢰관계를 쌓아가면서 시간을 들여 고객의 생각을 끌어낼 수 있는 FP가 훌륭한 FP이다.

4. 고객 입장에서 조언을 하는가?

"손님의 인생관에는 문제가 있는데요?"

이런 식으로 설교를 하려고 하는 FP가 있다면 이 또한 피해야 한다. FP는 자산형성의 조언자이지 고객의 인생관을 평가할 입장에 있는 사람은 아니다.

물론 불가능한 고객의 요구에는 불가능하다고 확실하게 대답해야 하지만, 어디까지나 고객 입장에서 조언해 주어야 하는 것이다.

5. 자신의 방법을 알기 쉽게 설명할 수 있는가?

FP는 자신의 투자이념, 운용방법 등을 고객의 눈높이에 맞추어 알기 쉽게 설명해 줄 수 있어야 한다. 난해한 용어만 늘어놓는 FP를 인내하면서 상대할 필요는 없다.

6. 말과 행동이 일치하고 있는가?

가끔 보면 고객에게는 그럴 듯한 투자이념을 늘어놓으면서 자신은 딴짓을 하는 FP가 있다. 이 또한 믿고 맡길 수 있는 FP라고 할 수 없다.

펀드의 세금

재테크는 '세테크'라는 말이 있다. 그만큼 절세가 중요하다는 말이다. 소득 있는 곳에 세금 있듯이 펀드에서도 당연히 세금을 떼게 된다. 그러나 은행예금에서 세금을 부과하는 것과는 다소 방식이 다르다. 펀드는 펀드가 투자한 운용자산의 과세 여부에 따라 세금을 부과하기 위한 과세표준이 달라진다.

펀드가 투자하는 자산은 크게 주식과 채권으로 나눌 수 있다. 주식에서 얻는 이익은 주식을 매매하면서 발생하는 매매차익과 기업의 이익을 주주에게 나누어주는 배당이 있다. 채권 역시 채권의 매매를 통해 발생하는 매매차익과 채권에서 확정적으로 나오는 이자 수입이 있다.

주식이든 채권이든 매매차익에서 발생하는 이익을 자본이득이라고 하며, 주식의 배당과 채권의 이자수입에서 발생하는 이익을 수입이자라고 한다.

우리나라 세법에서는 주식의 매매차익에 대해서는 세금을 부과하고 있지 않다. 그러나 주식의 배당, 채권의 매매차익, 채권의 이자수입은 과세 대상이다. 단, 주식 중에서도 비상장 비등록 주식은 매매차익에 대해서 과세하고 있다.

이러한 과세 제도를 펀드로 옮겨 보겠다. 펀드는 주식에 투자하는 주식형과 채권에만 투자하는 채권형으로 나눌 수 있다. 채권형에서 수익은 채권 등의 매매차익과 이자수입에서 발생하기 때문에 채권형에서 발생하는 모든 이익이 과표 대상이 된다. 결국 기준가격 상승분만큼의 과세표준이 된다.

그러나 주식형 펀드는 조금 복잡해진다. 주식형 펀드의 수익은 주식매매, 주식 배당, 채권 등의 매매, 채권 등의 이자수입에서 발생한다. 그러나 펀드투자의 수익을 나타내는 기준가 상승분에는 비과세되는 주식매매수익까지 포함해서 나온다. 단순히 기준가의 상승분을 과세표준으로 해서 세금을 부과할 수 없다는 것이다. 그래서 사무관리회사는 펀드의 기준가격과 별개로 과세표준 기준가를 산출하고 있다. 과세표준 기준가는 세금을 부과할 목적으로 주식의 매매차익을 제외한 세금 부과 대상이 되는 주식의 배당, 채권의 매매 및 이자수입만을 계산해 산출하는 가격이다.

물론 채권형 펀드도 과세표준 기준가를 산출하고 있지만, 채권형에서는 기준가와 과세표준 기준가가 같게 된다.

참고로 주식형 펀드의 수익은 대부분 주식매매차익에서 발생한다. 특히 주식편입비율이 높은 펀드일수록 과세표준 기준가는 작기 마련이다. 주식형 펀드에서 발생하는 수익은 대부분 세금 부과 대상이 아니기 때문에 투자자가 받아가는 세후 수익률도 높게 된다. 주식형 펀드는 그 자체만으로 절세효과가 있다는 것이다.

한편, 주식 현물을 펀드에 편입하고 선물매도로 주식 편입 효과를 없애면서 채권보다 조금 더 높은 수익을 추구하는 펀드들이 있다. 이러한 펀드들의 경우 투자자산이 대부분 주식이기 때문에 펀드수익률이 채권형 펀드 정도의 수익만 발생해도 세금 부분만큼 세후 수익률은 더 높게 된다. 현재 이자소득에 대한 세율은 주민세포함 16.5 %로 만약 5 %의 세전 수익이 발생하면 세금을 떼고 실제로 받아가는 세후 수익은 4.175 %가 된다. 만약 세금을 떼지 않는 펀드라면 0.852 %의 수익을 더 받아갈 수 있는 것이다.

주식형 펀드와 수익률

앞에서 펀드가 투자하는 대상에 따라 과세표준이 달라진다는 것을 말했다. 정리하면 채권형은 기준가가 곧 과세표준 기준가로 투자자는 기준가의 상승분만큼을 과세표준으로 해서 세금을 부과받게 된다. 주식형은 주식매매차익으로 인해 기준가가 과세표준으로 해서 세금을 부과받는다.

그렇다면 문제는 주식형에서 기준가와 과세표준 기준가의 차이이다. 주식형 펀드수익률에 가장 큰 영향을 주는 것은 주식의 매매차익인데, 주가의 변동성이 크기 때문에 투자 수익은 이익과 손실을 넘나들게 된다. 즉, 기준가는 상승과 하락을 반복한다. 그러나 확정수익으로 들어오는 배당이나 채권의 이자수입의 영향으로 과세표준 기준가는 꾸준히 상승한다.

주식형의 경우 이익이 났을 때는 세금도 상대적으로 적게 떼어 꿩 먹고 알 먹는 셈이다. 그러나 수익률이 손실이 났을 때는 상황이 달라진다. 수익률이 하락해 손실이 발생했지만 과세표준 기준가는 아랑곳하지 않고 늘어나기 때문이다. 만약 채권형이었을 경우 기준가격 하락으로 과세표준 기준가도 하락했겠지만 주식형은 그렇지 않다.

그래서 주식형의 경우 투자 손실을 보더라도 과세표준 기준가에 따라 세금을 여전히 부과받게 된다.

펀드 운용사 선택과 절세 비결

4개의 절세형 펀드

　　대부분의 세제 혜택 펀드들은 가입 기간과 세제 혜택 기간을 제한하는 경우가 많으므로 평상시에 상품에 대한 관심을 기울이고 찾으려는 노력이 필요하다. 세제 혜택과 관련된 상품은 크게 비과세 혜택을 주는 상품은 현재 장기주택마련펀드로 나눌 수 있다. 비과세 혜택을 주는 상품은 현재 장기주택마련펀드와 생계형 통장이 있다. 세금우대 혜택을 주는 펀드는 세금우대 통장이 있다. 또한 연말정산시 소득공제를 받을 수 있는 상품은 장기주택마련펀드와 개인연금펀드가 있다.

　　그런 각 펀드에 대해서 간단히 설명하겠다.

　　장기주택마련펀드는 만 18세 이상 무주택자 또는 25.7평 이하의 1주택 소유자를 대상으로 하고 있으며, 가입 기간은 7년 이상, 저축한도는 분기 당 300만 원 이내이다. 장기주택마련펀드는 비과세 혜택뿐만 아니라 연말에는 최대 300만 원 한도 내에서 불입금액의 40 %까지 소득공제를 받을 수 있다. 단, 조건이 있다. 일단 3 년 이상 투자해야 환매수수료를 면제받을 수 있다. 소득공제 혜택을 보았다면 5 년 이상 경과해야 한다. 만약 5 년 내에 환매하는 경우, 이미 받은 소득공제에 대한 세금추정을 받게 된다. 마지막으로 7 년 이상 투자해야 발생한 수익에 대해 비과세 혜택을 받을 수 있다.

장기주택마련펀드와는 다르게 생계형과 세금우대는 통장이라는 단어를 사용했다. 생계형과 세금우대는 특정 펀드가 있는 것이 아니라 투자자가 가입할 펀드를 생계형 또는 세금우대로 지정하면 되기 때문이다.

생계형 통장은 만 65 세 이상 노인이나 장애인, 생활보호대상자 등에게 1 인당 2,000만 원 한도 내에서 세금면제 혜택을 주는 상품이다. 이때 투자자가 가입시 '생계형'으로 지정하면 된다. 세제 혜택을 주는 대부분의 상품이 가입 기간의 제한 등 혜택을 받기 위해 요구하는 조건이 있는데, 생계형 통장은 특별한 제한이 없다는 특징이 있다. 만에 하나 중도에 환매를 하더라도 환매수수료는 부과받지만 나머지 수익에 대해서는 비과세 혜택을 받을 수 있다. 단, 1 인당 한 금융기관에서 1 통장만 가능하다.

세금우대 역시 투자자가 지정하는 펀드에 대해 세금우대 혜택을 받을 수 있다. 과거에는 세금우대 상품이 별도로 있었으나, 2001년 이후에는 투자 기간이 1년 이상인 경우에 한해 투자자가 펀드가입시 지정하면 된다. 세금우대는 1인당 4,000만 원 한도이며, 세율은 소득세와 주민세를 포함해 11%이다. 통장은 여러 금융기관에 분산해도 관계없으나, 전체 합산한 금액이 세금우대 한도금액을 넘어서면 안 된다.

★ 절세형 펀드

상품명	가입대상	가입기간	저축한도	비고	현재가입
장기주택마련펀드	만 18세 이상 무주택자 또는 25.7평 이하의 1주택 소유자	7년 이상	분기당 300만 원	불입액의 40% 이내 소득공제	2004년까지
생계형 통장	만 65세 이상 노인, 장애인 등	제한없음	1인당 2천만 원	가입시 기존 상품 중에서 특약형태로 가입 가능	가입가능
개인연금펀드	만 20세 이상 거주자	10년 이상, 만 55세 이후 5년간 연금 수령	월 100만 원	연간 240만 원 범위 내에서 불입금액 전액 소득공제 가능	가입가능
세금우대통장	제한없음	1년 이상 거치식 또는 1년 이상 적립식 저축 등	성인 1인당 4천만 원/ 노인/장애인 /국가유공자 6천만 원 미성년자 1천5백만 원	가입시 기존 상품 중 세금우대 지정	가입가능

개인연금은 2000년 12월 말을 기준으로 이전 펀드와 이후 펀드 두 가지 형태가 있다. 여기에서는 신규 가입이 가능한 새로운 투자자를 대상으로 한 펀드에 대해서만 말하겠다.

신개인연금은 만 20세 이상 국내 거주자를 대상으로 한다. 10년 이상 불입한 후 만 55세 이후에 수익을 5년 이상 연금 형태로 지급받아야 제대로 된 혜택을 받을 수 있다.

분기단위로 300만 원까지 불입할 수 있으며 연간 240만 원 범위 내에서 불입금액 전액에 대해 소득공제가 가능하다. 그러나 연금지급시 소득공제를 받은 비율만큼 연금 소득으로 보아 소득세를 부과받으며, 불입계약 기간 만료 환매하거나 연금 외 형태로 지급받을 경우에는 소득공제 받은 금액을 토해내야 한다.

재테크에서 동일한 성향의 동일한 투자 기간이라면 세금 관련 상품에 먼저 가입하는 것은 기본이다. 단 1%라도 수익을 높이기 위해 동분서주하는 마당에 조금만 신경 쓰면 가만히 앉아서 세금 절약으로 수익률을 높일 수 있다는 것, 잊지 말아야 할 것이다.

고수익펀드와 종합과세

올 들어 고수익을 기록한 주식과 펀드를 보유한 자산가들은 최근 증시 급등락에 대한 불안과 함께 '세금 폭탄'에 대한 걱정도 늘었다. 재테크 전문가들은 비과세·분리과세 금융상품을 통해 연간 금융소득을 적절히 분산하면 금융소득 종합과세 부담도 덜고, 장기적인 금융자산 관리에도 유리하다고 조언했다.

| 금융소득 종합과세에 대비하라 |

대기업 부장인 박모씨는 최근 펀드상품 상담을 위해 은행을 찾았다가 깜짝 놀랐다.

박씨는 올 초 중국펀드 등 주식형 펀드에 2억 원을 넣어 평균 50% 수익률을 올리자 예금 일부를 추가로 펀드에 투자할 계획이었다. 그러나 펀드

수익 1억 원 중 주식 매매차익을 제외한 과세 대상 소득 3300만 원과 연말 만기인 정기예금 이자소득을 합쳐 금융소득 종합과세 대상인 4000만 원 기준을 넘어선 것이다.

박씨는 18일 "종합부동산세 시행 첫 해인 2005년 당시 1가구 2주택 중과세를 피해 전세를 냈던 아파트를 처분, 1년 만기 정기예금에 붓기 시작했다"며 "종부세를 피하려 금융투자로 돌렸다가 종합과세를 맞닥뜨린 셈"이라고 말했다.

금융회사에 근무하는 이모 차장은 2년 전 역외펀드에 5000만 원을 투자해 꿈의 수익률인 100%를 넘어섰지만 종합과세 대상이 됐다. 외국 자산운용사가 한국 투자자에게 판매하는 역외펀드는 비과세혜택을 받지 못하기 때문이다.

국세청에 따르면 지난해 연간 금융소득 4000만 원이 넘는 사람은 2만 3887명이다. 2002년 1만3536 명 이후 2003년 1만5286 명, 2004년 1만 9357 명, 2005년 2만3184 명 등으로 꾸준히 증가했다.

| 비과세 상품을 활용하라 |

박 부장과 이 차장처럼 올해 처음 종합과세 대상에 포함됐다면 이자와 배당소득 규모를 미리 따져보고 연도별로 발생하는 금융소득을 고르게

분산하는 것이 중요하다.

신한은행 프라이빗뱅킹지원실 황재류 세무사는 "지난 6월부터 국내에서 설정된 해외펀드에 대해 3년간 한시적인 비과세 혜택이 주어지면서 주식형 펀드 수익에 따른 종합과세 부담은 당분간 덜게 됐다."며 "그러나 고액 금융소득자는 장기적인 세테크를 고려해 펀드는 물론 정기예금 상품을 구성해야 한다."고 말했다.

예를 들어 3년 만기 정기예금 이자 소득이 9000만 원이라면 이를 3년 후 한꺼번에 지급받을 경우 종합과세 대상이 되지만 3년간 분산해 이자를 받게 되면 연간 이자소득 3000만 원으로 종합과세를 절감할 수 있다. 펀드는 환매시점 외에도 결산시점에 과세가 이뤄져 자동으로 원천징수되는 경우도 있는 만큼 절세를 위한 사전 점검이 중요하다.

우리은행 PB사업단 배남수 세무사는 "본인은 종합과세 대상이 아니라고 판단했지만 펀드 결산으로 종합과세 대상이 됐다는 상담도 종종 들어오고 있다."며 "다른 금융소득이 많거나 펀드의 수익률이 높은 경우 펀드 결산시기 등을 확인하는 것이 좋다."고 말했다.

| 금융소득 종합과세 |

개인이 한 해 동안 이자와 배당으로 벌어들인 금융소득이 4000만 원을

초과할 경우 초과분을 사업·근로소득 등 다른 소득과 합산해 8~35 %의 세금을 부과하는 것을 말한다. 금융실명제 후속조치로 1996년 도입 후 2년 만에 외환위기로 전면 유보됐다가 2001년 다시 부활됐다.

수수료 아끼는 방법

일 년 전에 설정된 같은 유형의 주식형 펀드 A, B가 있다고 가정해 보자.

펀드에 투자하는 데 드는 수수료는 A펀드가 연율 2 %, B펀드는 연율 1 %로 펀드의 운용자산에서 자동적으로 지불된다. 1년이 지나 수수료를 뺀 순운용수익률이 A펀드는 15 %, B펀드는 12 %를 기록했다고 가정해 보자. 참고로 지난 1 년 동안의 종합주가지수 상승률은 10 %였다.

그렇다면 지금부터 신규로 펀드를 매입하려는 투자자는 A, B 두 펀드 중 어느 펀드를 선택하는 것이 좋을까? 우리나라의 투자자들에게는 의외로 받아들여질지 모르지만 대부분의 미국 투자자들은 이 경우에 B펀드를 선택한다고 한다. 어떤 근거로 이런 선택을 하는 것일까? 그 근거는 이렇다.

수수료를 지불하기 전의 운용성적은 A펀드가 17 %, B펀드가 13 %로 지수대비 초과수익률은 각각 +7 %, +3 %이다. A펀드의 성적이 매우 뛰어나지만 B펀드도 결코 만만치 않은 성적이다.

문제는 앞으로의 운용성적이다. 그런데 지난해의 운용성적만 보고 앞으로도 A펀드가 B펀드보다 훨씬 더 높은 수익률을 낼 거라고 단정지을 수는 없다. 앞으로의 기대수익률에 대해서는 잘 모르겠다고 생각하거나 비슷한 수준일 것이라고 판단하는게 무난할 것이다.

따라서 불확실한 수익률의 차이보다는 양 펀드가 확실하게 지불해야 하는 '수수료의 차이'가 결정적인 요인이 된다. '확실한 차이'는 있을지 없을지 모르는 '불확실한 차이'보다 의사결정에서 더 중요한 비중을 차지한다는 것이 미국 투자자들의 판단기준이다. 그만큼 수수료 체계에 민감하다는 뜻이다.

처음 펀드를 구입할 때 내는 수수료는 상담에 대한 대가로 생각하고 투자금액이 소액인 경우는 5~6 %까지도 기꺼이 지불하지만 매년 일정 비율씩 지불하는 수수료는 꼼꼼히 체크를 한다. 운용성과에 미치는 영향이 그만큼 크다고 보는 것이다.

그런 면에서 우리나라의 투자자들은 수수료 체계에 대해 그다지 관심이 없는 것 같다. 우선 수수료가 운용자산에 자동적으로 빠져나가기 때문에 수수료율이 높은지 낮은지에 감이 없다. 수수료율이 다소 높다 하더라도 시황 전망에 따라 몇 개월 지나면 환매할 것이기 때문에 그 기간 동안의 수수료는 그리 큰 부담이 안 된다고 생각하는지도 모른다. 주가가 조금만 오르면 1~2 %의 수수료 차이는 별 것이 아니라고 생각할 수도 있다. 그러나 투자목적이 노후대비나 학자금 마련과 같은 장기투자에 있다면 매년 1~2 %의 수수료율 차이가 운용성과에 미치는 영향은 결코 만만치 않다. 수수료 체계는 꼼꼼히 살펴볼 필요가 있는 것이다.

매매비용이 큰 펀드는 피하라

지난 2003년 3월부터 2004년 3월까지 시중에서 많이 움직이는 50여 개의 펀드를 평가해 보았다. 짧은 시간 안에 펀드를 평가하여 점수를 매긴다는 것이 어려운 작업이기는 했지만 우리 투신시장에 출시되어 있는 펀드들의 특징을 살펴볼 수 있는 좋은 기회이기도 했다.

특히 펀드투자와 관련된 비용면에서 외국 펀드와 국내 펀드를 비교해 보면, 국내 펀드는 펀드를 매입할 때 내는 선취수수료는 아예 없거나 그 비율이 매우 낮은 대신 매년 내는 수수료가 상대적으로 비싼 펀드들이 많았다. 심한 경우 매년 내는 수수료가 3 % 이상인 주식형 펀드도 있었다. 그런데도 투자자들은 선취수수료가 없고 매년 내는 수수료는 고율이지만 펀드자산에서 자동적으로 빠져나가기 때문에 그다지 부담으로 생각하고 있는 것 같지 않았다.

그러나 전에도 언급한 바 있지만 몇 개월 정도 투자했다가 해약하는 투자자에게는 별로 부담이 되지 않을지 모르지만 5 년, 10 년 장기로 투자하는 투자자에게는 운용결과에 매우 큰 부담으로 작용한다는 점을 명심할 필요가 있다.

내가 평가한 주식형 펀드 중에는 회전율이 연간 700~800 %에 이를 정도로 편입된 주식을 자주 매매하는 펀드가 있었다. 반면에 회전율이 40 % 이하로, 한번 종목을 편입시키면 거의 매매를 하지 않는 펀드도 있었다.

물론 운용대상 종목의 매매를 자주하는 펀드라고 해서 꼭 문제 있는 펀드라고 말할 수는 없다. 그만큼 시황에 민첩하게 대응하는 펀드라고 할 수도 있다. 그런데 문제는 이들 펀드 대부분이 '내재된 가치에 비해 저평가되어 있는 종목을 사서 제값을 받을 때까지 기다린다는 자세로 투자하겠다' 는 운용철학을 내걸고 있다는 점이다. 그런 운용철학이라면서 1 년에도 몇 번씩 사고팔 수 있는 것인가? 과연 제대로 기업 방문을 하여 저평가된 종목을 고른 것인가? 펀드를 운용하는 투신운용사의 운용자세에 의문을 갖지 않을 수 없다.

해외 운용회사의 경우에는 매매비용을 줄이기 위해 많은 노력을 한다. 특별한 목적을 가진 펀드가 아니면 매매 회전율이 100 %를 넘는 경우를 찾아보기 힘들다. 편입된 종목은 어차피 몇 년씩 보유할 것이기 때문에 믿을 만한 기관투자자에게 빌려주고 빌려준 값을 받아서 매매비용을 줄이려는 노력을 하는 펀드도 많다.

우리나라의 경우에는 제도적인 문제 때문에 이 정도까지는 어렵겠지만, 그렇더라도 펀드 운용비용을 아끼려고 노력하는 펀드인지를 따져보아야 할 것이다.

Part.

9

SECRET

펀드 투자로 수익 올리는 비결

펀드 종목을 잘 고르는 기준 5가지

현재 우리나라에 증권펀드만 무려 약 5,700개가 된다. 이렇게 엄청나게 많은 펀드 중에서 어떻게 하면 알토란 같은 좋은 펀드를 골라낼 수 있을까? 현업에서 고객에게 맞는 좋은 펀드를 추천해주기 위해, 그리고 선택된 펀드의 운용 현황을 점검하기 위해 엄청난 시간을 할애하는 필자에게도 쉽지 않은 문제임에는 틀림없다. 우리가 바둑을 처음 배울 때 정석부터 배우고, 고수로 성장하면서 자신만의 스타일을 만들어 나가듯이 펀드를 선택할 때도 좋은 펀드를 선택하기 위한 일반적인 기준을 먼저 알아둘 필요가 있다.

하지만 좋은 펀드를 선택하는 기준을 살펴보기에 앞서 먼저 꼭 언급해야 할 사실이 하나 있다. 바로 적절한 자산배분의 중요성이다.

'세계 자산배분의 아버지'라 불리는 게리 브린슨은 "투자 결정은 무엇보다도 우선 시황과 자산의 종류에 초점이 맞추어져야 한다. 시간이 지남에 따라 투자 수익의 거의 90 % 정도가 이에 의해 결정된다.”고 주장했다.

그러면 이제 적절한 자산배분이 선행되었다고 가정하고, 어떻게 하면 좋은 펀드를 고를 수 있는지 그 선택 기준에 대해 알아보자.

기준1 : 과거 운용 성과가 좋은 펀드를 선택하라

중학교 때 공부를 잘했던 학생이 고등학교에 진학해서도 공부를 잘할 것이라고 예상하는 것이 합리적인가, 아니면 과거의 성적이 미래의 성적을 보장해주는 것이 아니므로 중학교 성적은 아무 의미가 없다고 보는 것이 더 합리적인가! 저자는 단연코 전자가 합리적이라고 생각한다.

사실 펀드도 이와 똑같다. 펀드의 과거 운용 성과를 통해서 미래의 성과를 예측해 볼 수는 있을 것이다. 여기서 운용 성과란 운용 수익률과 위험 지표를 동시에 고려하여 평가하는 것을 의미한다.

중요한 포인트는 과거 운용 성과를 평가할 때 장기적인 성과의 테두리 안에서 단기성과를 확인해야 한다는 것이다.

단기성과는 장기적으로 우수한 실적으로 지속해 왔던 흐름이 현재에도 여전히 유효한가를 판단의 근거로 삼는 것이 좋다. 단기성과만을 중시할 경우 자칫 잘못하면 운에 의해 달성된 성과를 펀드 운용 실력에 의한 성과로 오해할 가능성을 배제하지 못하기 때문이다. 흔히 "소 뒷걸음치다 쥐 잡는다."고 운 좋게 시장 상황이 맞아 떨어지면서 수익률이 반짝 상승하거나 펀드의 평가시점에 운이 좋아 당시 시장 상황에 맞게 펀드를 운용한 것을 투자 실력으로 오판할 수 있다는 것이다. 이런 이유로 단기간의 성과가 운 때문인지, 아니면 실력에 의한 것인지 판단하기 위해 장기성과를 꼼꼼히 확인해야 한다.

기술적으로 단기성과는 과거 1개월, 3개월, 6개월간 성과를 펀드 평가회사의 펀드리포트로 분석하면 되고, 장기성과는 1년, 2년, 3년 기간을 설정한 후 성과를 분석하면 된다.

기준2 : 펀드 운용 규모가 크고 장기간 운용된 펀드를 선택하라

펀드 운용 규모와 수익률은 별 관계가 없다는 것이 일반적인 시각이다. 운용 규모가 큰 대형펀드라고 해서 수익률이 높다거나 소형펀드라고 해서 수익률이 낮지는 않다는 것이다.

하지만 과거 운용 성과가 비슷한 펀드라면 운용 규모가 큰 펀드를 선택하고, 또한 장기간 운용된 펀드를 고르는 것이 좋다. 왜냐하면 자산운용사 입장에서 볼 때 운용 규모가 작은 펀드보다는 아무래도 운용 규모가 큰 펀드에 더 많은 관심을 가질 것이기 때문이다.

물론 관심이 반드시 수익률로 직결된다고 할 수는 없겠지만 더 나은 펀드매니저를 배치한다거나 전략적으로 수익률을 관리하는 데 노력을 기울일 것은 분명하다. 만약 규모가 작으면 시장에 탄력적으로 대응할 수 있겠지만, 이보다는 규모가 작음으로 인해 포트폴리오를 제대로 구성하지 못할 가능성이 더 크다. 뒤집어 생각하면 특별한 상황이 아닌데도 펀드의 규모가 급격히 줄고 있다면 이런 펀드는 피하는 것이 좋다.

기술적으로 주식형 펀드는 최소한 100억 원 이상 되는 펀드, 채권형 펀드는 최소한 1,000억 원 이상의 규모가 되는 펀드를 선택해야 한다. 하지만 펀드의 규모가 너무 지나치게 큰 것도 운용에 제약을 받으므로 주의할 필요가 있다.

펀드의 유형에 따라 조금씩 차이가 있지만 일반적으로 주식형 펀드의 경우 5,000억 원이 넘어서면 시장 대응에 둔감해지는 경향이 있다고 한다. 그리고 비슷한 규모에 비슷한 성과를 내고 있는 펀드라면 장기적으로 운용된 것 중에서 이미 검증된 펀드를 선택하는 것이 좋다.

기준3 : 각 자산운용사의 대표펀드를 선택하라

자산운용사는 마케팅 차원에서 대표펀드 혹은 간판펀드를 선정하여 집중적으로 관리하는 경향이 있다. 대표 펀드의 경우 자산운용사들이 각별히 신경을 쓰기 때문에 수익률이 양호하게 나올 가능성이 높다. 펀드 선택에 특별한 판단이 서지 않을 경우 대표펀드를 선택하는 것이 가장 손쉬운 방법이다.

★ 각 자산운용사 대표펀드 현황

자산운용사	대표펀드
동양운용	동양모아드림
대투운용	대한 First Class 에이스
미래자산운용	미래에셋인디펜던스
미래투신운용	미래에셋솔로몬주식
신영운용	신영마라톤주식
한국운용	한국부자아빠거꾸로
랜드마크운용	랜드마크1억만들기
푸르덴셜운용	푸르나폴레옹
마이다스운용	마이다스블루칩배당주식
CJ자산운용	CJ행복만들기

기준4 : 스타일이 명확한 펀드를 선택하라

일반적으로 펀드의 이름만 보면 그 스타일을 짐작할 수 있다. 하지만 실제로 그 펀드가 어떻게 운용되고 있는지 제대로 점검할 필요가 있다. 가치주 펀드라고 하면서 성장주가 더 많이 편입되어 있지는 않은지, 배당주 펀드라고 하면서 성장주가 더 많이 편입되어 있지 않은지 살펴봐야 한다.

또한 펀드에 여러 특징을 섞다 보면 펀드의 구조가 복잡해지고 운용 스타일이 불분명해질 수 있으므로 보다 스타일이 단순하고 명확한 펀드를 고르는 것이 좋다.

그럼 실제로 펀드가 투자 설명서 그대로 투자 목적이나 전략에 맞게 운용되고 있는지 확인할 수 있는 방법은 무엇일까?

가장 손쉬운 방법은 펀드 평가회사의 펀드리포트에서 스타일박스를 참조하는 것이다. 스타일박스는 실제 펀드에 편입된 주식이나 채권 등을 기준으로 분류하기 때문에 장기적으로 이 스타일박스가 어떻게 변해가는지 점검할 수 있다.

기준5 : 판매사가 많은 펀드를 선택하라

어떤 펀드를 선택하여 최종 투자를 결정하기 이전에 그 펀드에 관한 내용이 자세히 나와 있는 투자 설명서를 반드시 읽어보는 것이 중요하다. 투자 설명서 첫장을 보면 판매회사가 나열되어 있다.

예를 들어 '미래에셋인디펜던스주식형투자회사'의 경우 미래에셋증권, 메리츠증권을 비롯해 무려 20개의 판매회사가 명시되어 있다. 어떤 펀드의 경우 투자 설명서에 판매회사가 단 1개 뿐인 경우도 볼 수 있다.

펀드의 구조는 투자자와 펀드를 운용하는 자산운용사, 펀드를 판매하는 판매사 및 펀드 자산을 보호하는 수탁회사로 이루어져 있다. 실제로 개인 투자자가 펀드에 투자하는 방식을 보면 직접 판매회사를 찾아가서 상담 직원의 권유로 받아 펀드를 선택하는 것이 일반적인 경우이다. 물론 반대의 경우도 종종 있다. 투자자가 직접 자신이 원하는 펀드를 선택한 이후, 홈페이지 등을 통해 판매회사를 알아본 다음 펀드에 투자하는 경우이다.

어떤 경우든 판매회사를 거치게 되는데, 펀드 판매사의 입장에서는 펀드가 많이 팔릴수록 더 많은 판매 수수료를 얻게 되므로, 우선 순위로 7,000여 개가 넘는 펀드 중에서 투자자들에게 어필할 수 있는 좋은 펀드를 골라내는 과정을 거치게 된다.

결과적으로 어떤 이유에서든 많은 판매회사가 앞 다투어 판매하려는 펀드라면 그 명성이나 운용성과 등 장점을 가진 믿을 만한 펀드라는 것을 유추해볼 수 있을 것이다.

펀드 투자시 주의해야 할 13가지 사항

정답이 없음에도 불구하고 펀드투자에 대한 일반적인 기준을 근거하여 투자자들이 가장 많이 저지르는 실수를 살펴보고자 한다. 이 실수들은 많은 투자자들이 저지르기 쉬운 실수들로 특별히 주의하지 않으면 안 된다.

1. 현재 수익률이 높은 펀드만을 고집해서는 안 된다

자신의 투자 성향이나 나이 혹은 투자 여건은 무시하고 무조건 펀드 평가사의 홈페이지에 기록된 펀드 가운데 현재 수익률이 가장 좋은 펀드만 투자하려는 것.

2. 수익률이 조금만 저조해도 펀드를 교체해서는 안 된다

주식시장의 시황이나 벤츠마크 수익률을 전혀 고려하지 않은 채 지금

당장 자신의 펀드가 수익률이 저조하다고 현재 시점에서 수익률 좋은 펀드로 교체하려는 것.

3. 현재 자신이 투자하고 있는 펀드의 유형을 알아야 한다

펀드에 투자를 하고 있으나 투자된 펀드가 심지어 주식형인지 채권형인지도 모른 채 마냥 서랍에 놓아두는 것.

4. 단기 시황에 연연해서는 안 된다

장기적인 투자 마인드를 지녀야 하는데 당장 1주일 혹은 한 달의 시황에 의해 투자 자체를 재검토하려는 것.

5. 과거 실패에 연연하지 말라

인내와 고통 없이는 열매를 얻지 못한다는 것을 잘 알면서도 한 번의 투자 실패나 손실에 집착하여 위험을 부담하는 투자 자체를 꺼리는 것.

6. 펀드의 성과에 관심을 가져야 한다

펀드에 투자한 후 몇 개월이 지났으나 현재 자신의 수익률이 얼마나 되는지 혹은 펀드의 지난 성과가 어떻게 되는지 모르는 것.

펀드 투자로 수익 올리는 비결

7. 펀드의 수익률과 자신의 투자 수익률을 혼동하지 말라

경제신문에 A펀드의 수익률이 몇 %로 나와 있는데 자신도 A펀드에 투자했는데 왜 수익률은 이것밖에 되지 않느냐며 의아해하는 것.

8. 분산투자해야 한다

주식시장이 좋다니까 혹은 남들이 주식형 펀드에 투자해서 돈을 벌었다고 하니까 가진 돈을 몽땅 가져와서 한 펀드에만 투자하는 것.

9. 펀드의 특성을 이해하도록 한다

자신이 투자한 펀드가 성장형 펀드인지 가치형 펀드인지 혹은 중소형 펀드인지도 모르고 투자하는 것.

10. 이제까지 늘 해오던 대로 투자하려고 해서는 안 된다

경기도 사이클이 있고 주식시장이나 금리도 변하고 있는데, 제반 경제 여건은 무시한 채 기존에 투자했던 관행을 그대로 유지하는 것.

11. 너무 높은 수익률을 기대하지 않는다

봄날이 항상 계속되고 늘 꽃이 필 것으로 생각하듯 작년에 수익이 좋았다고 올해도 좋을 것이라 생각하여 무작정 기대하고 있는 것.

12. 처음 투자할 때의 목표를 쉽게 바꾸어서는 안 된다

본인의 투자 성향이나 기대 수익률에 맞추어 분산투자한 펀드를 어느 한 펀드의 수익률이 좋다고 바꾸려 하거나 계속 목표 수익률을 올리는 것.

13. 포트폴리오 재조정에 익숙해야 한다

한 번 펀드에 투자하면 6개월이 지나도 1년이 지나도 2년이 지나도 특별히 자금이 필요하게 되지 않는 한 펀드를 그대로 유지하고 재조정하지 않으려고 하는 것.

펀드 투자로 수익 올리는 비결

펀드의 기준가격과 수익률

| 펀드의 기준가격 |

  펀드도 주식과 마찬가지로 가격이 붙는다. 모든 펀드는 주가처럼 자신의 가치를 나타내는데 이것을 '기준가격'이라 한다.

  펀드의 전날 자산가치와 당일 자산가치를 비교하면 하루의 투자수익을 계산할 수 있다. 그런데 만약 하루의 수익률이 1.5%라고 하면 투자자들은 이것만을 보고 자신의 펀드가 얼마나 수익을 올렸는지 알 수 없으므로 그래서 나온 것이 기준가격이다.

  다음 표는 2012년 6월 10일에 만들어진 4일 동안의 올린 수익률을 나타낸 것이다. 처음에 펀드 기준가격은 1,000원이었다. 그런데 첫날 1.5%의 수익을 올렸으므로 이를 가격으로 환산하면 1,015.00원이 된다. 다음날에는 2%의 수익률이 더 발생하였으므로 이틀간의 누적수익률은 3.53%가

되었다. 그리고 이것을 다시 기준가격으로 환산하면 1,035.00 원이 된다.

이런 식으로 펀드수익률을 매일 누적하고, 이를 기준가격으로 표현하면 가격만 보고도 얼마나 수익이 났는지 알 수 있다.

날짜	펀드수익률	누적수익률	펀드의 기준가격
12–6.10	1.5000%	1.5000%	1,000×(1+0.015000)=1,015.00원
12–6.11	2.0000%	3.5300%	1,000×(1+0.035300)=1,035.30원
12–6.12	1.0000%	4.5653%	1,000×(1+0.045653)=1,045.65원
12–6.13	3.000%	7.7023%	1,000×(1+0.0077023)=1,077.02원

*대부분의 펀드는 1,000원을 기초로 기준가격을 만들어 발표한다.

| 수익률 계산하기 |

펀드 수익률은 두 가지 방법으로 계산한다. 즉 기준가격을 이용하는 방법과 평가액을 이용하는 방법이다.

| 기준가격으로 투자수익률 계산하기 |

펀드에 가입하면 통장을 준다. 펀드를 구입한 곳(은행이나 증권회사)에 가서 통장을 찍어보면 본인이 펀드를 구입한 날의 기준가격과 오늘의 기

준가격이 나온다.

예를 들어 현명한 씨가 구입한 날의 기준가격이 1,000 원이었는데 오늘 기준가격이 1,200 원이라면 수익률은 20 %이다. 계산방법은 현재의 기준가격을 펀드 가입시 기준가격으로 나누고 1을 뺀 다음 100을 곱하면 된다.

| 평가액으로 투자수익률 계산하기 |

투자원금에 대한 평가액을 이용해 수익률을 계산하는 방법으로 기준가격을 이용해 수익률을 계산하는 것보다 좋은 방법이다.

매월 10만 원씩 3 개월간 펀드에 적립한 경우에 평가액을 이용해 수익률을 계산한다.

2012년 1월에 펀드에 가입하고 매달 10만 원씩 투자한 경우에 기준가격, 매입좌수, 평가액 등이 나와 있다. 투자수익률을 계산하려면 현재의 평가액을 총투자금으로 나누고 1을 뺀 다음 100을 곱하면 된다. 마지막 3월의 투자수익률을 계산해보면 3.54733, 즉 3.55 %가 된다.

적립식 펀드로 수익 올리는 3가지 비결

| 적립식 펀드의 이점 |

적립식 펀드는 주식이 상당 부분을 차지하기 때문에 반드시 장기적인 안목으로 투자해야 한다. 일반적으로 목돈을 모으기 위해서는 짧게는 1년, 길게는 7년 정도의 기간을 정하는데, 적립식 펀드는 최소 3년 이상의 투자기간을 설정하는 것이 투자 성과를 높일 수 있는 방법이다. 따라서 노후자금 마련을 위한 연금에 가입할 때 좋은 방법은 적립식 펀드를 이용하는 것이다.

적립식 투자는 단기간에 자산을 축적해 높은 성과를 보려는 투자자보다 자산을 천천히 만들어 보려고 하는 투자자에게 적합한 투자 방법이다. 따라서 10년 이후 자녀의 교육비가 걱정되는 직장인이라면 미리미리 적립식펀드에 가입해 차근차근 목돈을 마련하는 것도 좋은 투자방법이다.

사실 미국·유럽 등의 선진국에서는 자녀의 대학 입학 등의 학자금으로 활용할 수 있도록 일찌감치 펀드에 가입하는 것이 보편적이다.

1. 적립식 펀드 수익률은 달력에 따라 다르다

요즘 적립식 펀드 모르면 간첩이라고 할 정도다. 적립식 펀드가 우리나라 펀드의 열풍을 가져왔고, 주가지수를 1,600 선까지 끌어올린 1등 공신이기 때문이다.

적립식 펀드는 매달 적금 붓듯이 주식을 매달 나눠서 투자해 주가 등락의 위험을 분산하면서 장기적으로 안정적인 수익을 올리는 펀드다.

따라서 적립식 펀드에 가입하는 사람들은 자동이채 날짜만 잘 챙겨도 1~2%의 수익률을 챙길 수 있다.

2. 자동이체, 월급날은 피한다

매달 1일에 펀드에 넣는 사람과 26일에 넣는 사람의 수익률의 차이가 평균 1.43% 높은 것으로 나타났다.

펀드 평가회사인 '제로인'이 2004년 4월부터 2007년 4월까지 3년간 10개 대형 적립펀드에 매달 1일에 넣을 때와 26일에 넣을 때를 비교한 결과 위와 같은 차이가 난 것으로 나타났다. 이런 조사를 하게 된 것은 회사의 월급날이 거의 21~25일이기 때문이다.

수익률 차이가 가장 큰 펀드는 '신영마라톤주식(A형)으로 1일에 돈을 넣은 고객은 64.09 %의 수익률을 올렸지만, 26일에 넣은 고객은 61.85 %의 수익률로 그 차이가 2.24 %에 달했다.

날짜별 평균 수익률은 1일(53.28 %)로 가장 높았고, 다음으로 10일 (52.52 %, 21일(52.44 %), 20일(52.28 %), 26일(51.85 %)순위였다.

월말에 수익률이 낮아진 것은 이때쯤 많은 돈이 펀드로 들어오면서 주가가 올랐다가 월초에는 떨어지는 경우가 많기 때문이다.

3. 숨어 있는 환매수수료에 유의하라

한꺼번에 목돈을 맡기는 가치식 펀드는 가입 후 3 개월이 지나면 중도에 환매를 하게 되더라도 수수료를 내지 않는다.

그러나 적립식 펀드는 다르다. 만기가 3 년이고 환매수수료 부과 기간이 3 개월짜리 적립식 펀드에 가입한 다음 사정이 있어서 당신이 24개월 만에 그것을 환매처분하려고 했을 때 수수료를 내지 않아도 된다고 생각한다면 큰 착오이다. 최근 3 개월 동안 낸 돈에서 거둔 이익의 70 %를 운용회사에서 떼 간다.

즉 매달 100만 원씩 2 년간 총 2400만 원을 넣었다면, 최근 3 개월간 낸 300만 원을 굴려 얻은 수익의 70 %를 판매수수료로 운용사가 가져간다는 뜻이다.

따라서 만기 약정을 하지 말고 가급적 짧게 가져가는 것이 유리하다.

주식형 펀드와 채권형 펀드로
수익 올리기

| 주식형 펀드로 수익 올리기 |

적은 돈으로도 효과적인 분산투자를 할 수 있다는 장점을 가진 간접투자는 장기적인 증시활황을 예견한다면 그 어느 때보다 관심을 둬야 한다. 2007년 들어 주식시장 상승과 함께 상승 분위기를 이어가고 있다.

대세상승기에 유리한 인덱스펀드에 관심을 가져야 한다. 인덱스펀드는 증시가 대세상승기에 접어들 때 가장 확실한 수익률을 낼 수 있다. 인덱스펀드의 편입 종목 KOSPI(종합주가지수) 200(시가총액 상위 종목 2백 개) 중에서도 시가총액 상위 종목 위주로 구성되기 때문에 대형 우량주에 고루 분산투자하는 효과를 얻을 수 있다. 따라서 주가가 상승할 때 가입한다면 이론상으로 손해는 보지 않을 뿐만 아니라 주가상승 시에도 오르는 만큼 수익을 낼 수 있다. 인덱스펀드는 두 가지로 구분할 수 있다. 종합주가지수를 정확히 쫓아가고자 하는 순수 인덱스펀드와 종합주가지수 대비 초과수익을 목표로 운용하는 진보된 인덱스펀드로 나눌 수 있다.

순수인덱스펀드의 운용 목표는 종합주가지수를 얼마나 잘 쫓아가느냐에 있기 때문에 펀드 내에서 파생상품(선물이나 옵션)의 사용은 거의 하지 않고 현물 주식에만 주로 투자한다. 이론적으로 인덱스(Index)를 추종하기엔 펀드에서 발생하는 각종 비용(매매수수료, 신탁보수 등)과 지수 구성 종목이 변경될 경우 포트폴리오 재조정을 해야 함에 따라 지수를 추종한다는 게 여간 어려운 게 아니다.

왕초보 펀드투자 시크릿

★상위 10개 주식형 펀드 수익률

펀드명	운용사	수익률(1년)
동양중소형고배당주식1	동양운용	67.61
미래에셋드림타겟주식형	미래에셋자산	50.41
미래에셋디스커버리주식형	미래에셋자산	49.64
유리스몰뷰티주식 C	유리운용	49.42
한국밸류10년투자주식 1	한국밸류자산	48.60
미래에셋솔로몬나이스주식형 1	미래에셋자산	46.26
미래에셋솔로몬주식 1	미래에셋자산	45.59
삼성배당주장기주식 1	삼성운용	45.52
미래에셋솔로몬성장주식 1	미래에셋자산	45.01
미래에셋디스커버리주식 1(CLASS-A)	미래에셋자산	44.72
일반주식성장형유형평균(349개 펀드)		34.82
코스피 지수		33.89

*자료제공:제로인

제2 금융기관은 주로 그 자금을 주식·채권 등 유가증권에 투자하는데, 이때 운용실적에 대한 모든 책임은 고객이 전적으로 부담한다. 쉽게 말해 금융기관은 투자자 대신 종목을 골라서 사고파는 '투자 대행' 역할을 할 뿐이다. 따라서 운용실적에 따라 이자(배당)는 물론 원금의 손실 가능성도 있는 것이다.

펀드 투자의 3대 성공 전략

1. 모든 펀드는 펀드매니저를 보고 투자하라

펀드 매니저라고 하면 흔히 주식을 연상하지만, 채권을 다루는 펀드매니저들도 있다. 주식형펀드는 물론이고 채권형펀드 역시 자금을 운용하는 펀드매니저의 성향과 능력에 따라 수익률이 달라진다. 과거에는 투신사가 제시한 수익률을 보고 펀드를 선택했다면, 채권시가평가제 실시 이후에는 투신사의 운용능력을 따져보고 펀드를 선택해야 한다.

2. 펀드 편입 채권을 반드시 확인하라

펀드를 평가할 때 두 가지 관점에 포인트를 두어야 한다. 편입한 채권의 신용등급이 낮고 수익률이 높으면 이는 투기성펀드다. 한편 신용등급이 높은 채권인데도 수익률이 높으면 이는 운용회사의 능력이 뛰어난 것으로 해석할 수 있다. 그렇다면 답은 이미 나와 있다.

펀드에 가입하려면 사전에 펀드 운용계획과 펀드명세서를 일일이 따져 보아야 한다. 수익률이 높다는 이유만으로 가입했다가 나중에 낭패를 볼 수도 있기 때문이다. 수익률만이 펀드 선택의 최우선 기준이 될 수는 없다는 뜻이다.

3. 투자설명서 · 약관을 반드시 챙겨라

투자설명서나 약관 내용에는 해당 상품의 운용 내용 및 방법. 신탁약관에서 정하는 사항, 투자대상 등이 포함된다. 그러나 금융기관 창구에서는 고객이 완벽히 이해하리라고 기대하지 않아서인지 약관 내용을 쉽게 설명한 요약서를 따로 주고 있다. 조금 어렵더라도 투자설명서와 약관을 반드시 챙겨서 읽어보라. 법적 구속력을 갖는 약관이다. 상품설명서 등은 투자자들에게 약관 내용을 알기 쉽게 설명하는 자료에 불과하므로 애매한 대목은 서로 대조해 가면서 읽는 것도 잊지 말아야 한다.

소 잃고 외양간 고치기 식의 투자는 곤란하다. 펀드 가입 첫 출발부터 옥석을 잘 가려내는 신중함이 무엇보다 중요하다. 또한 간접투자이건 직접투자이건 간에 투자 게임에서는 타이밍이 승부를 좌우한다는 점도 명심해야 한다.

배당주 펀드와 가치주 펀드로
수익 올리기

| 배당주 펀드 |

정부의 시가배당제 활성화 방침과 기업 주주에 대한 이익 환원 전략에 따라 각 기업의 배당 성향이 높아지자 고배당 종목에 집중 투자하는 배당주펀드의 관심이 더욱 높아지고 있다. 배당투자펀드는 배당률이 높은 유망종목에 집중 투자하는 펀드다.

개인이 직접 고배당 주식을 매입할 수 있지만 배당투자도 직접투자보다는 투신사의 배당펀드를 활용하는 간접투자가 안정적인 수익을 올릴 수 있다는 게 전문가들의 지적이다.

이는 기관투자가들이 개인보다 상대적으로 정보 수집과 분석 능력이 강하기 때문이다. 배당계획을 발표한 뒤 실제 배당을 미루는 기업들이 많아 과거 배당을 기준으로 개별종목을 직접 투자할 경우 배당수익은커녕 주가하락으로 인한 낭패를 당할 수도 있다.

일반적으로 배당전용펀드는 찬바람 불기 전인 8~9월이 가입 적기라고 한다. 에너지 관련 기업들이 주로 고배당을 하기 때문에 이들 종목들의 주가가 오르기 전인 이 때가 낮은 가격에 살 수 있는 최적기이고, 우리나라 대부분의 기업들이 12월에 결산한 후 배당금 지급이 다음해 3월 이전에 이뤄지기 때문이다.

| 가치주 펀드 |

하지만 최근 중간 배당이 늘어남에 따라 연간 투자 가능한 투자 수단으로 활용되고 있다. 특히 이러한 펀드들은 배당 발표 전에는 선물매도로 위험 노출도를 줄여놓고 있다가 배당 결정 임박시 배당성향이 높은 20여 개 종목을 집중 투자해 배당수익을 직접 노리든지 주가가 상당 부분 오르면 매매차익을 얻는 전략을 취한다.

배당주전용펀드는 일반 주식형보다 수익이 안정적으로 달성될 수 있어 채권투자의 대안으로 떠오르고 있다. 저평가 종목에 집중 투자하는 가치주 펀드도 주목할 필요가 있다. 가치주 펀드는 이른바 지수 등락과 무관하게 저평가 중소 우량주를 집중 발굴해 장기투자를 하는 펀드를 말한다.

이 펀드는 블루칩 종목을 대가 편입해 수익을 얻는 일반 주식형 펀드와 달리 수익성과 성장성이 좋은 중소형 우량주를 편입, 안정적인 수익을 올리는 상품이다. 특히 지수 등락폭이 좁은 박스권에 갇혀 있는 조정국면이 장기화될 경우 가치주 펀드에 대한 관심이 높으며 시장 환경보다는 해당 종목의 투자가치에 초점을 맞추는 상품이어서 한 번 주식을 사면 적정가치에 도달할 때까지 장기간 보유하기 때문에 시장 변화에 큰 흔들림이 없는 특징도 있다.

격변기의 펀드 투자 3대 전략

시간의 분산투자

최근 유로존 위기로 펀드투자자들이 대혼란을 겪었다. 갑자기 펀드 수익률이 큰 폭으로 들쭉날쭉하면서, 투자자들 마음도 만 갈래로 찢어졌기 때문이다. 이 같은 '고통' 없이 펀드투자를 하는 방법은 없을까? 있다. 바로 분산투자다. 시간, 자산, 지역의 분산투자를 통해 마음 편하게 펀드투자를 하는 노하우를 자세히 살펴봤다.

그리스로 시작된 유로존의 위기로 증시의 '불확실성'이 투자자들을 공포에 빠뜨렸다. 주가 급락에 '이제 그만~'을 외치며 '서킷브레이크'가 발동되더니, 금세 뒤를 이어 주가가 급등하자 '사이드카'가 출동했다. 주식 가격의 미래는 결코 예측할 수 없다고는 하지만 하루에도 몇 번씩 투자자들의 간담을 서늘하게 하는 것이 최근 증시의 모습이다.

투자자들은 주가 2000선 돌파와 1600선까지의 대폭락을 경험하며 무엇을 느꼈을까? 투자자들은 과거에도 이런 일시적인 '쇼크'로 혼란에 빠진 적이 있었다는 것을 기억할까? 9·11테러, 대통령 탄핵, 중국발 금리인상, 북핵 문제 같은 문제로 패닉이 발생한 후 시장은 어떤 모습을 보였을까?

다행스러운 것은 몇 차례의 폭락 쇼크를 겪으며 국내 투자자들이 많이 성숙했다는 점이다.

자산운용협회가 주식형펀드의 월간 추이를 살펴본 결과 지난해 12월 29일 국내 주식형펀드의 월 자금유입 규모는 40조7978억 원에서 매달 꾸준히 증가해 올해 8월 16일엔 46조8998억 원을 기록했다. 폭락을 기록했던 8월의 자금 추이를 살펴본 결과, 적게는 1400억 원에서 많게는 3700억원 가량의 펀드자금이 매일 꾸준히 유입됐다. 지속적인 펀드자금 유입은 적립식투자자들의 힘으로 해석된다.

| 적립식투자로 위험을 최소화할 것이다 |

지난 5년간 주식형펀드에 투자했다는 어느 투자자는 서브프라임 모기지 부실로 주가가 크게 폭락해도 큰 걱정이 없었다. 몇 번의 고비를 넘기며 장기투자를 해오다 보니, 일시적인 쇼크에 내성이 생겼고, 그 동안 쌓

아둔 수익률도 기대치보다 높은지라, 남들보다 불안한 마음도 덜했다. 그래서 그는 오히려 주가가 폭락했을 때 투자금액을 늘렸다.

그가 주가 폭락기에도 추가 납입을 할 수 있었던 용기는 어디서 나왔을까? 5년이라는 기간 동안 쉼 없이 출렁댔던 주식시장에서 꾸준히 장기투자를 유지할 수 있었던 비결은 무엇일까?

비결은 정맥매입법인 '적립식 투자'에 있다. '강세장이나 약세장이나 규칙적으로 매월 매수하는 방법'인 적립식 투자는 규칙적인 매수로 주가가 높을 때는 적은 수량, 낮을 때는 많은 수량을 구입해 평균 매입 단가를 낮출 수 있는 투자법이다.

적립식 투자는 시간에 분산투자하는 방법이다. 이를 통해 투자자들은 첫째, 주식 매수시기에 따른 투자 위험을 크게 줄일 수 있다. 또 시장 상황에 상관없이 언제든지 투자를 시작할 수 있다. 둘째, 매달 소액을 꾸준히 불입해 나감으로써 목돈 마련에 유리하다. 셋째, 위험을 분산하고 안정적인 수익을 추구할 수 있어 마음 편한 투자를 할 수 있다.

즉 적립식 투자의 출발은 '어떻게 하면 위험을 최소화하면서 지속적인 수익을 얻을 수 있는가'이다. 그 출발은 투자 대가인 벤저민 그레이엄이 철저하게 지켰던 투자철칙인 '원금의 안전과 적절한 수익을 보장'하는 데 부합한다. 예를 들어보자.

〈표〉는 최근처럼 주가의 등락이 심했던 'V자형' 장세에서 펀드 기준가격이 바뀌는 모습을 보여준다. 특히 거치식과 적립식 투자의 수익률을 비교한 것이다.

★ 펀드의 기준가격 변동에 따른 수익률 변화

일자	기준가(원)	월납입액	지수	총투자금액	거치식수익률	적립식수익률
2007-01	1,000	100,000	100,000	100,000	0.00%	0.00%
2007-02	1,100	100,000	90,909	200,000	10%	5.00%
2007-03	900	100,000	111,111	300,000	-10%	9.39%
2007-04	1,000	100,000	100,000	400,000	0.00%	0.51%
2007-05	1,100	100,000	90,909	500,000	10%	8.44%

계산 후 결과를 보면, 기준가격이 1000원에서 1100원으로 올랐던 2월의 거치식 수익률은 10 %, 적립식은 5 %를 기록했다. 거치식의 수익률이 높았다. 그러나 기준가격이 1000 원에서 900 원으로 떨어졌을 때인 3월 거치식은 -10 %의 손실을 기록했다. 반면 적립식은 9.39 %의 수익률을 기록했다.

같은 상황으로, 최근 급락장을 비교해 보자. 거치식 투자자들은 하락장에서 고스란히 손실을 입었겠지만, 적립식 투자자들은 최대한 급락의 위험을 방어할 수 있었다는 의미다. 또한 4월 주가가 'V자형'의 상승 반전을 보였을 때, 거치식 투자자의 수익률은 0 %였지만 적립식 투자자는

0.51%의 수익률을 기록해 더 높은 수익률을 나타냈다.

그렇다고 적립식 투자가 모든 상황에 '정답'인 투자법이라고 말할 수는 없을 것이다. 적립식 투자는 주가가 하락할 경우 위험을 분산시키는 효과가 높지만, 반대로 주가가 장기간 상승할 경우 평균매입 가격도 같이 따라 올라, 거치식 투자와 비교하면 이익률이 낮을 수 있다.

〈표〉에서 확인할 수 있듯, 1월 기준가격 1000에서 투자해 5월 기준가격이 1100으로 올랐을 때만 놓고 본다면 거치식의 수익률이 더 높은 것을 알 수 있다.

이처럼 적립식 투자는 평균매입 단가 효과로 하락장에서도 위험을 낮춘다는 점에서 빛을 발하는 투자법이다. 그러나 투자금액이 시간적으로 분산돼 주가가 장기에 걸쳐 오를 경우, 평균매입 가격도 높아져 거치식 투자와 비교해 고수익은 낼 수 없는 구조다. 그래도 주가가 계속 오른다면 고수익은 아니라고 해도 수익을 분명히 거둘 수 있다.

| 원칙은 '돈 잃지 않는 것' |

반면 주가가 장기에 걸쳐 계속 하락한다면, 적립식 투자는 효과를 볼 수 없게 된다. 매입단가는 낮아질지 몰라도, 전체 투자금은 계속 줄어들기 때문이다. 따라서 적립식 펀드 투자 전에 먼저 적립식 펀드에 편입된 종목들이 장기적으로 오를 소지가 있는 주식들인가를 반드시 짚고 넘어가야 한다.

주가가 쌀 때 적극 매입하는 '가치투자'의 개념을 접목한다면, 적립식 투자도 적극적으로 수익률 관리를 할 수 있다. 이런 투자법을 '밸류 애버리징'이라고 한다.

밸류 애버리징은 주가가 저점인 시기에 적립액을 늘리고 고점인 시기에 적립액을 줄이는 전략을 구사하는 것을 말한다. 보유하고 있는 주식이나 펀드의 시장가치가 변동할 경우, 변동한 만큼 투자금액을 조정해 인플레이션 상승과 주가 상승에 적극적으로 대응할 수 있다.

주가가 급락할 때 투자금액을 늘려, 싼 주식을 잔뜩 사들이는 것은 '가치투자'와도 맥을 같이 한다. 세계 증시를 강타한 서브프라임 쇼크 때 미국의 가치투자자인 워런 버핏은 "지금이야말로 기회"라며 "주식을 살 타이밍"이라고 말했다.

국내에서도 코스피지수가 급락을 거듭해 1650선이 붕괴되었을 때 국민연금, 펀드 등 '큰 손'을 중심으로 대거 저가 매수세가 형성됐다. 모 대형 자산운용사 역시 매수 여력을 확보한 상태에서 주가 급락기에 몇 차례에 나눠 2조~3조원의 자금을 주식 매입을 위해 시장에 투입한다는 계획을 세웠다.

밸류 애버리징 투자법에 따라 주가가 하락했을 때, 하락한 가격만큼 주식의 투자 비중을 높이면 하락 후 반등해 상승장이 펼쳐질 경우 보다 큰 이익을 볼 수 있다. 예로 들자면, 기준가격이 900원으로 하락했던 시기에 불입금액을 늘려 추가 매입했다면 그 다음달 수익률을 더 높일 수 있다는 것이다.

그러나 어디까지나 잊지 말아야 할 것은 투자의 원칙은 '돈을 잃지 않는 것', 바로 위험관리다. 이게 투자의 기본이다. 적립식 투자의 특성도 이해하고 있어야 한다. 이 투자법은 저금리를 극복하고, 물가승상률을 초과하는 수익률로 노후대비를 할 수 있는 가장 마음 편한 투자, 리스크를 최소화하는 투자다.

격변기의 펀드 투자 3대 전략

자산을 분산 투자하라

자동차가 목적지까지 보다 빨리 가기 위해 만들어졌지만 그렇다고 속도를 내기 위한 액셀러레이터만 필요한 것은 아니다. 제때 잘 설 수 있도록 브레이크도 필요하다.

자산관리 역시 마찬가지다. 높은 성과를 내기 위한 주식뿐만 아니라 안정적인 운용을 위한 채권에도 고루 나눠 투자할 필요가 있다. 여기에서 채권이란 정해진 기간 동안 이자와 원금을 받는다는 측면에서 보는 채권펀드뿐만 아니라 은행 예·적금도 모두 포함한다.

특히 1년 뒤 아파트 중도금으로 낼 돈처럼 단기간 사용처가 정해진 자금은 가능한 한 주식과 같은 장기투자용 자산에 투자하지 말아야 한다. 이런 자금은 안정적인 채권에 맡기는 것이 바람직하다.

하지만 투자교육 현장에서 투자자들과 만나다 보면 지나치게 채권에 몰려 있거나 또는 지나치게 주식에 몰려 있는 경우가 대부분이다. 주식이나 채권으로 적절하게 나뉘어 있는 경우는 매우 드물다.

이는 투자 전에 투자 목적을 먼저 정하고, 투자 목적에 따른 주식과 채권의 비중을 결정하고, 상품을 선택하는 단계를 거치지 않았기에 나타난 현상들이다. 투자하기로 마음먹자마자 요즘 뜨는 상품이 무엇인지, 어떤 자산이 유망한지부터 급하게 따지고 들다 보니 균형된 자산배분이란 애초부터 설 자리가 없는 것이다.

하지만 10~20년 장기적으로 자산이 어느 정도 불어나느냐는 특정금융상품 선택에 좌우되는 것이 아니다. 전체 자산 중 주식이나 채권에 각각 얼마만큼의 비중으로 투자하느냐가 훨씬 더 중요하다. 따라서 투자 상품 선택에 앞서 투자목적을 정하고 그에 따른 주식과 채권에 대한 투자 비중부터 결정하는 것이 바람직하다.

주식과 채권의 자산분산은 안정적인 자산운용에도 효과가 있다. 항상 그런 것은 아니지만 일반적으로 주식시장과 채권시장은 서로 반대로 움직이는 경향이 있다. 주가가 오를 때는 채권시장이 안 좋고, 반대로 채권시장이 좋은 경우엔 주가가 떨어지는 경우가 많다.

따라서 채권투자에서 손실이 났더라도 주식에서 난 이익으로 이를 상쇄하면서 전체적으로 어느 정도의 수익을 올릴 수 있다. 반대로 주식에서 손실이 났더라도 채권에서 올린 수익으로 성과를 얻을 수 있다. 이렇게 하면 시장이 좋든 안 좋든 상관없이 지속적으로 일정액의 수익을 기대할 수 있다. 결국 지속적인 성과를 올리는 것은 상품 선택이 아닌, 자산분산을 통해 이뤄질 수 있다는 것이다.

재무설계사 같은 전문가들은 주로 리스크 프리미엄 방식을 통해 주식과 채권의 투자 비중을 결정한다. 다시 말해 고위험 자산은 저위험 자산보다 위험에 대한 프리미엄이 높아야 한다는 점을 이용한다. 미국에서 대형 우량주를 가지고 산출하는 S&P500지수는 지난 30년간 연 평균 12 % 정도의 수익률을 올린 것으로 나타났다. 우리나라 주식 역시 경제성장률, 물가상승률, 위험 프리미엄을 모두 고려할 때 연 평균 10 % 정도의 수익률을 기대하는 것이 합리적일 것이다.

그런데 채권의 경우에는 적립식으로 투자하면 상당히 낮은 성과에 머물게 된다. 우리나라 채권펀드는 매우 우량한 신용등급을 가진 국공채를 중심으로 단기적으로 투자하는 특성이 있다. 결국 채권펀드는 연간 5 %의 수익률이 났다고 하지만 적립식으로 투자할 경우 2.5 % 전후의 수익률을 얻게 된다.

결론적으로 주식펀드에서 연간 10 %, 채권펀드에서 연간 3 %를 기대한다고 할 때, 그리고 매년 8 %의 기대수익률을 연금투자로 달성하려고 하면, 주식펀드에 70 %, 채권펀드에 나머지 30 %를 투자하면 된다. 이처럼 투자자의 재무목표에 따른 자산배분전략을 활용해 결정하는 것이 합리적인 방법이다. 또 가까운 재무설계 전문가와 충분한 상담을 통해 결정하는 것이 효율적이다.

그렇다면 채권투자를 할 때 채권펀드가 나을까, 아니면 은행 예·적금이 나을까? 최근 채권펀드의 수익률이 바닥에 머물자 일부에서는 '채권펀드 무용론'까지 대두되고 있다. 하지만 이를 제대로 판단하기 위해서는 채권펀드에 대해 제대로 알 필요가 있다.

채권펀드란 국공채와 회사채를 비롯해 정기예금증서, 기업어음 등에 투자하는 펀드를 말한다. 채권펀드가 주로 투자하는 채권은 일종의 차입증서라고 할 수 있다. 정부나 기업 등에서 자금을 조달할 목적으로 일정 기간 후 원금과 이자를 돌려주기로 약속하고 발행하는 유가증권의 일종이다. 채권은 발행하는 기관이 망하지 않는 한 미리 약속한 이자와 원금을 돌려준다는 점에서 상대적으로 높은 안정성이 특징이다.

채권펀드는 구분 기준에 따라 여러 가지로 나눌 수 있다. 우선 투자기간에 따라 단기형, 중기형, 장기형으로 분류된다. 여기서 투자기간이란 일반적으로 환매수수료 부과기간을 말한다. 환매수수료란 일정 기간 환매를 막기 위해 그 전에 환매할 경우 부과하는 벌금 개념의 수수료다. 즉 적어도 투자자들이 환매수수료를 부과하는 기간에는 환매를 하지 않을 것이라고 가정하고 이 기간을 투자기간으로 간주해 펀드를 구분한 것이다.

그러나 환매수수료 부과기간이 실제 투자기간과 차이가 많아 이 같은 펀드 분류의 실효성이 떨어지고 있다. 즉 환매수수료 부과기간은 90일에 지나지 않은 단기형이라도 실제 투자는 1년 이상 이뤄지고 있는 펀드들도 상당하다. 이런 격차를 개선하기 위해서는 펀드가 투자하고 있는 실제 채권들의 평균 잔존 만기를 기준으로 채권펀드를 다시 분류하는 개선이 필요하다.

채권펀드는 주로 어떤 채권에 투자하느냐에 따라 국공채펀드, 회사채펀드, 투기채펀드 등으로 나눌 수 있다. 국공채의 경우 국가나 공공기관이 발행한 채권이어서 부도 위험이 없지만 그만큼 금리도 낮다. 반면 회사채나 투기채펀드는 국공채에 비해 부도 위험이 높은 만큼 금리도 높다. 이와 같이 채권형 펀드의 수익률은 펀드 내에 편입되어 있는 채권 가격에 따라 결정된다.

그런데 채권의 시장가격은 시장에서 형성되는 유통수익률과 서로 반대의 움직임을 갖는다. 즉 시장 이자율이 오르면 채권가격이 하락해 채권형 펀드에 손실이 발생한다. 반대로 시장 이자율이 하락하면 채권가격이 상승해 채권형 펀드에 이익이 생기는 식이다. 이때 가격 움직임은 투자한 채권의 만기 기일에 따라 다르게 나타난다. 편입된 채권의 만기 기일이 길수록 금리 변동에 따라 가격이 민감하게 변동한다.

따라서 금리가 내릴 것 같으면 채권의 만기를 길게 해서 펀드 수익률을 극대화하고, 반대일 경우 채권의 만기를 짧게 해서 손실을 피하는 방식으로 운용한다.

많은 투자자가 채권펀드에 투자하느니 차라리 은행 예금상품이 우수하다고 생각한다. 하지만 은행 예금상품의 경우 중도에 해지할 경우 낮은 금리로 떨어진다. 반면 채권펀드는 일정 기간이 지나면 언제든 장점이 있다. 은행 예금상품은 확정금리 상품인 반면 채권펀드의 성과는 시장 상황에 따라 얼마든지 더 나은 성과를 기대할 수도 있는 장점이 있다.

국내외 펀드에 분산 투자하라

"해외펀드에 가입하는 이유가 무엇입니까?" 이제 국내 투자자들은 이같은 화두에 즉각적인 대답을 할 정도의 실력을 갖춰야만 한다. 해외펀드의 필요성, 중요성을 잘 알고 있어야만 내 돈을 상대적으로 더 빨리 불릴 수 있어서다.

펀드 투자를 통해 손쉽게 내 돈을 전세계 대륙에 투자할 수 있는 시대가 이미 됐다. 중국·인도로 대표되는 아시아 신흥시장은 물론 동·서유럽, 중남미, 아프리카까지 세계 곳곳이 펀드투자 대상이다. 마음만 먹으면 아프리카 오지까지 내 투자 대상이 된다는 얘기다.

중국 증시의 급등 이후, 해외펀드는 고수익을 안겨주는 투자상품으로 부각됐고, 비과세 혜택까지 더해지면서 해외펀드로 발길을 돌리는 자금이 폭발적으로 늘어났다.

하지만 최근 해외주식형 펀드의 자금유입 흐름을 보면, 마치 빨리 끓고 빨리 식는 '양은냄비'를 보는 듯하다. 미국에서 발생한 서브 프라임 쇼크에 국내 주식형펀드보다는 해외 주식형펀드가 더 큰 타격을 받아, 자금이 썰물처럼 빠져나갔다.

자산 운용협회 조사에 따르면 국내 주식형펀드 자금은 서브프라임 쇼크에도 불구하고 매일 평균 2000억~3000억 원씩 자금 유입이 이어지고, 쇼크 이후 오히려 늘었다. 하지만 해외 주식형펀드는 7월 3000억 원 수준에서 8월 16일 430억 원 규모로 뚝 떨어졌다.

이런 극적인 변화가 의미하는 것은 무엇일까?

그 원인은 '해외펀드에 가입하려는 투자자들의 대답'에서 찾을 수 있다. 대부분의 투자자가 '고수익을 추구하기 위해 해외펀드에 가입한다.'고 말했다.

그런데 이런 투자자들이 간과하는 부분이 하나 있다. '고수익'이라는 그럴듯한 몸통 뒤에는 항상 고위험이라는 꼬리표가 따라다닌다. 벌 때는 한꺼번에 확 벌지만, 잃을 때는 순식간에 반 토막이 날 수도 있다는 얘기다.

| 투자의 원칙 |

투자의 원칙은 물론 고수익, 고위험 같은 말과 거리가 멀다. 투자는 항상 '원금을 잃지 않는다' 는 원칙에서 출발해야 한다. 이는 투자고수들이 즐겨하는 말이기도 하다. 그러기 위해서는 가장 먼저 점검하고 준비해야 할 게 있다. 즉 '투자의 위험' 을 무조건 최대한 줄여야 한다는 것이다.

이런 맥락에서 출발한다면 해외펀드투자는 '위험을 낮추는 투자전략' 인 '분산투자' 측면에서 접근하는 것이 옳다. 이제 해외투자를 한번 익혀보자.

| 해외펀드 투자 전 국내펀드 먼저 가입하라 |

"잘 아는 기업에 투자하라."가 가치투자, 주식투자만으로 세계 2위의 부호에 오른 워런 버핏의 투자철칙이다.

해외펀드 투자도 마찬가지다. 잘 아는 국가와 기업에 투자하는 것이 투자의 성공률을 높일 수 있다. 국내 투자자가 아무리 해외시장에 많은 관심을 가진다고 해도, 국내 상황만큼 다양한 정보를 접하기는 힘들다. 따라서 국내펀드에 먼저 가입하고 해외펀드에 추가 가입하는 것이 좋다.

다음은 철저한 분산투자다. 워런 버핏의 투자철칙과 함께, 분산투자로 리스크를 낮추자. 구체적으로, 투자비중 조절로 수익률을 높이는 투자법인 '핵심-위성' 전략을 이용해 포트폴리오를 구성해 보자.

'핵심-위성' 전략은 비교적 안정적인 투자수익이 기대되는 '핵심 상품군'으로 시장 전반을 따라가고, 위성 상품군을 통해 초과수익을 달성하는 전략이다. 핵심-위성 전략에 따른 포트폴리오 구성 방법 중 하나는 국내 주식형펀드를 '핵심 상품군'으로 구성하고, 고속성장이 기대되는 국가에 투자하는 해외펀드로 '위성 상품군'을 구성하는 전략이다.

또 다른 방법은 국내 주식형펀드와 해외펀드의 구성 비율을 5대 5로 맞추고, 다시 해외펀드 구성 부분만 핵심-위성 상품군으로 나누는 것이다. 이때 핵심 상품군은 전세계 시장에 골고루 투자해 분산투자 효과를 높일 수 있는 '글로벌 펀드' 등이 된다. 위성 상품군은 추가 수익이 기대되는 중국펀드와 러시아펀드 등 특정 국가에 투자하는 펀드로 구성한다. 핵심-위성 상품군의 비중은 개인 투자 성향에 따라 핵심 80~60 %, 위성 40~20 % 정도로 조절할 수 있다.

또 다른 방법으로는 투자지역의 '리스크'에 따라 투자비율을 조절하는 것이다.

비교적 안정적인 투자가 예상되는 국내주식펀드를 중심으로 ▶ '고위험-고수익'이 기대되는 중국 · 인도 등의 개발도상국 투자펀드 ▶ '저위험-저수익'이 예상되는 유럽 · 미국 · 일본의 선진국 펀드를 중심으로 각각의 비율을 '4 대 4 대 2' 또는 '3 대 4 대 3' 식으로 개인 투자성향에 맞춰 나누는 것이다.

펀드 특성에 따라 포트폴리오는 나눌 수도 있다. ▶ 글로벌 ▶ 특정 지역 ▶ 국가별 ▶ 섹터별로 나누는 방식이다. 여러 국가나 지역 등에 골고루 분산된 해외펀드에 우선 가입하고, 이후 친디아, 동유럽, 중남미, 브릭스 같은 특정 지역에 투자하는 펀드를 고른 다음 마지막으로 말레이시아, 베트남 등의 고성장이 기대되는 펀드에 가입하는 것이다. 또는 섹터펀드를 이용해 보다 공격적으로 운영할 수 있다.

| 적립식으로 위험을 분산하라 |

해외펀드 투자 때 느끼는 가장 큰 위험은 역시 '변동성'이다. 특히 신흥 아시아 시장처럼 고속성장을 지속하고 있는 지역은 증시 변동성이 매우 높다. 이것은 고속 성장에 따른 예기치 못한 위험 가능성이 높다는 것을 뜻한다. 심리적으로는 시장의 움직임에 따라 투자판단을 흐릴 위험이 높다는 이야기다.

증권선물거래소에 따르면 올해 4~7월 중국 상하이 종합지수의 일간 변동성은 2.33%로 글로벌 증시 중 급등락이 가장 심했던 것으로 나타났다. 한편 홍콩 항셍지수는 우리나라 코스피 시장과 비슷한 1.23%, 미국 다우

존스지수는 0.79 %를 기록했다.

이처럼 변동성 위험이 큰 시장에서 위험을 낮출 수 있는 투자법은 '적립식 투자' 다. 적립식 투자는 시간에 따른 위험을 최대한 낮출 수 있다.

★ 해외펀드 가입시 조심할 점 ★

■ 알고 투자하라

해외펀드를 선택할 때는 모르는 나라의 정치 · 경제 상황에 대한 이해가 필요하다. 지속적으로 해당 국가의 정보를 업데이트 할 수 있는지, 관련 펀드의 정보를 쉽게 얻을 수 있는지를 사전에 모두 확인하라.

■ 수익률만 놓고 선택하지 마라

신흥시장의 투자위험도는 선진국보다 높기 때문에 펀드를 고를 때 단순히 과거의 단기 성과에만 의존하면 안 된다. 과거 수익률보다 중요한 것은 수익률의 안정성이다. 특히 하락장에서의 수익률과 변동성을 꼼꼼하게 확인하라.

■ 펀드 속을 들여다보라

중국시장에 투자한다고 중국펀드가 아니다. 그 속을 면밀히 살펴야 한다. 펀드 오브 펀드라면 모펀드를 구성하는 자펀드도 확인하라. 운용사도 중요하다. 국내 주식형펀드를 고를 때처럼 운용사가 어떤 전략을 가지고 운용하는 펀드인지 확인하라. 자금이 지속적으로 유입되고 있는지, 자금 유입의 변동성이 크지 않은지 확인하라. 자금이 지속적으로 빠지고 있다면 그 해외펀드를 의심하라.

격변기의 펀드 투자 3대 전략

펀드 용어 해설

가 치 주

가치주란 현재 기업의 내재가치에 비해 저평가된 주식을 말한다. 경기침체나 투자심리 위축 등으로 주가가 크게 하락하는 시기에 많이 생기는 경향을 가지고 있으며, 기업 수익성의 회복이 주가에 제대로 반영이 안 되어 있는 경우에도 발생한다.

개 방 형 뮤 추 얼 펀 드

투자자들이 원하면 언제나 환매가 가능한 뮤추얼펀드를 말한다.

거 치 식

펀드에 목돈으로 투자하는 방식을 말한다. 일정한 금액을 일정기간 동안 투자하기로 약속하고 펀드에 가입하되, 만기시 한꺼번에 투자금액을 찾는 방식과 매월 수익금 중 일부분을 찾는 분배형의 두 가지 형태가 존재한다. 현재는 채권시가평가제도가 적용되고 있기 때문에 분배형 상품은 거의 존재하지 않는다.

계 약 형 투 자 신 탁

펀드는 위탁자, 수탁자, 수익자라는 삼자가 계약함으로써 이루어진다는 데서 계약형이라는 말이 붙었다. 이는 투자자로부터 증권투자에 운용할 목적으로 자금 등을 수입하는 위탁자가 그 자금 등을 수탁자로 하여금 당해 위탁자의 지시에 따라 특정유가증권에 대해 투자 또는 운용하고, 그에 따른 수익권을 분할해 당해 투자자에게 취득시키는 것을 말한다.

기 준 가 격

펀드에 들어 있는 주식, 채권, 유동성자산과 같은 모든 투자대상물을 매일의 시장가치로 평가하고, 채권의 이자와 주식의 배당금 등의 수입을 추가해 자산총액을 산출한다. 여기에서 펀드의 운용에 필요한 모든 비용을 차감해 순자산총액을 산출하고, 그날 펀드의 총좌수로 나누어 기준가격을 산출한다. 기준가격은 펀드의 매입과 환매시 적용된다.

노 로 드 펀 드

판매수수료가 없는 펀드를 말한다. 대부분의 펀드가 운용수수료와 판매수수료를 별도로 분리해 투자자들에게 부담시키는 데 반해 노로드펀드는 운용보수와 약간의 판매관련 비용만 투자자들에게 부담시키므로 매우 저렴한 펀드이다. 대부분의 노로드펀드는 운용사에서 직접 판매하는 펀드의 형태가 많은데, 이는 운용사가 직접 판매함으로써 판매회사 관련 비용을 줄일 수 있기 때문이다.

단 위 형 펀 드

펀드를 만든 후에 투자자금을 더 이상 증액하지 않는 펀드를 말한다. 계속해서 투자자금이 증가하거나 감소하는 추가형에 반대되는 형태이다. 부동산펀드, 원금보존형펀드와 같이 펀드 설정에 필요한 자금이 일정한 금액으로 정해져 있는 형태의 상품에서 채택한다. 단위형펀드는 일반적으로 펀드의 존속 기간이 정해져 있으며, 중도에 환매가 불가능한 폐쇄형이 대부분이다.

대 형 주

자본금 규모가 큰 기업의 주식을 말한다. 명확한 기준은 없지만 한국증권선물거래소에서는 2004년 이전에 상장법인의 자본금 규모에 따라 150억 원 이상 자본금을 가진 회사의 주식을 대형주라고 불렀다.

만 기

채권 발행자가 채권에 포함되어 있는 액면 금액을 지불하기로 한 날짜를 말한다.

멀티클래스펀드

멀티클래스펀드란 한 개의 펀드에서 여러 가지의 수익권을 발행하는 펀드를 말한다. 법률상 '종류형 간접투자기구' 라고 하며, 펀드의 투자금액이나 투자기간 또는 펀드판매기관의 종류에 따라 다양한 판매수수료를 가진 수익권을 발행하지만, 한 개의 펀드로 모아서 운용한다. 펀드의 판매방법이 다양하게 발달한 미국의 경우 전체 펀드 중 60 % 이상이 멀티클래스펀드일 만큼 이미 보편화되어 있지만 국내에는 2004년 간접투자자산운용방법이 시행되면서 처음으로 도입되었다.

모집식

일정한 투자금액이 필요한 단위형펀드에서 펀드를 모으는 방법이다. 펀드를 만들기 전에 미리 투자자들에게 공개적으로 얼마의 투자자금을 모아서 어떻게 운용한다는 것을 밝히고 자금을 모집하는데, 이러한 펀드자금 모집방법을 모집식이라고 한다. 실제로 얼마의 자금이 모일지는 모집기간이 끝나 봐야 알 수 있다는 약점이 존재한다.

뮤추얼펀드

국제적으로 회사형펀드 중에서 투자자들이 언제든지 가입할 수 있는 추가형 펀드를 통상 뮤추얼펀드라고 부른다. 우리나라에서는 계약형펀드의 반대되는 개념으로 사용하고 있기 때문에 일반적으로 회사형펀드를 뮤추얼펀드라고 부른다. 뮤추얼펀드는 펀드가 계약 형태가 아니라 회사 형태를 가지므로 주식회사처럼 법인체가 형성된다.

배 당 금

주식회사에서 기업 활동의 성과물인 당기순이익을 보유주식에 따라 주주에게 나누어주는 것을 말한다. 즉 주주가 기업에 출자한 자본의 대가로 받는 이익 배분을 말한다. 대개 기업이 1년 동안 영업을 하고 난 후 주주총회에서 1주당 배당금액을 결정하게 된다.

배 당 소 득 펀 드

펀드 중에서 주식이나 채권의 가격상승에 따른 시세차익보다는 이자, 배당 등의 안정적인 현금소득을 확보하고자 운용하는 펀드를 말한다.

베 타

펀드의 위험지표로서 시장 전체의 수익률 변동에 대한 펀드 수익률의 민감도를 말한다. 주식펀드의 경우 해당 펀드의 수익률을 종합주가지수와 비교하면 산출되는 값으로, 베타값이 1보다 크면 주가지수 변동률보다 펀드의 수익률 변동이 크다는 것을 의미하고, 베타값이 1보다 작으면 주가지수 변동률보다 펀드의 수익률 변동이 적다는 것을 의미한다.

변 동 성

펀드의 위험지표로서 일정 기간 동안 펀드의 수익률이 변화한 폭을 말한다. 주로 표준편차라는 통계치로 측정되는데, 평균수익률을 중심으로 위아래로 크게 변화할수록 변동 폭이 크고, 따라서 투자위험성이 높은 펀드를 의미한다.

왕초보 펀드투자 시크릿

사 모 펀 드   P E F

사모펀드는 비공개적으로 투자자들을 모집해서, 자산가치가 저평가된 기업을 집중적으로 매수한 다음 기업경영에 깊숙하게 참여하는 등의 방법으로 기업가치를 높게 기업주식을 되파는 전략을 취하는 펀드를 말한다. 간단하게 기업을 인수합병하거나 매매하는 펀드를 말한다.

상 장 지 수 펀 드   E T F

특정한 주가지수와 연동되는 수익률을 얻을 수 있도록 설계된 인덱스펀드이지만, 증권시장에서 마치 주식인 것처럼 자유로이 거래할 수 있는 펀드를 말한다.

선 취 판 매 수 수 료

투자자가 펀드가입시 투자자금의 일정 비율을 판매수수료로 지불하는 펀드를 말한다. 펀드의 운용실적에 관계없이 판매회사의 수익이 고정되며, 투자자 입장에서는 장기투자시 판매수수료가 인하되는 효과를 가진다. 하지만 단기투자시에는 다른 방식의 판매비용에 비해 상대적으로 높은 부담을 안게 되는 것이 선취판매수수료이다.

설 정 액

펀드가 투자자로부터 모은 투자원금을 말한다. 일정한 기간이 지나면 펀드에서 발생한 이익도 설정액으로 전환하는 재투자가 발생하므로 정확하게는 투자원금과 투자이익금 중에서 원금으로 전환된 자금의 규모를 말한다. 설정액은 간혹 원본이라는 말로도 표현된다.

성 장 주

주식 중에서 미래 수익 증가율이 높을 것으로 예상되는 주식을 일컫는다.

성장주는 현격하게 저평가되어 있는 가치주와 달리 현재 주가보다는 미래의 이익성장성이 높을 것으로 기대되는 기업으로, 신기술에 의해 지속적으로 성장하는 특징을 가지고 있다.

수 익 증 권

펀드의 이익을 분배받을 수 있는 권리 증서를 말한다. 계약형펀드에서 발행하는 증서로서 투자자들이 펀드에 가입하면 사실상 수익증권을 매수하는 것이 된다. 따라서 과거에는 펀드를 '수익증권'이라고도 불렀다. 이에 반해 회사형펀드는 수익증권이 아니라 주식을 발행하게 된다.

수 탁 고

자산운용회사나 투자신탁운용회사가 발매한 수천 개의 펀드에 들어 있는 설정액을 합한 값을 부르는 명칭이다. 간단하게 투자자들이 펀드에 맡긴 투자원금과 펀드의 이익 중 설정액으로 전환된 부분을 합친 것으로, 펀드의 총투자규모를 나타낸다.

수 탁 회 사

투자신탁에서 고객을 보호하기 위한 제도적 장치 중 하나로 신탁재산을 보관, 관리하는 회사를 따로 두는데, 이를 수탁회사라고 부른다. 일반적으로 은행이 수탁회사의 역할을 담당하고 있다. 수탁회사는 펀드의 자산을 엄격하게 보관하고 약관에 의해 자금이 유입되거나 유출될 수 있도록 감사하는 역할을 수행한다. 회사형펀드에서는 수탁회사를 '자산보관회사'라고도 부른다.

수 탁 회 사 보 수

펀드에서 수탁회사에게 지급하는 비용으로, 종전에는 펀드 자산의 0.05 % 라는 비용의 상한선이 설정되어 있었으나 현행 규정에서는 제한이 없다. 하지만 일반적으로 수탁보수는 0.03~0.05 % 정도에서 결정되고 있다.

신 탁 보 수

펀드의 운용과 관리에 소요되는 모든 비용을 말한다. 주로 운용보수와 판매보수, 수탁보수를 합친 값을 의미하며, 펀드에서 순자산가치에 기준해 지급하게 된다.

신 탁 원 본

계약형펀드의 최초 설정시 구성되는 재산 총액을 말한다. 위탁회사는 설정하고자 하는 신탁원본을 현금 또는 유가증권으로 수탁회사에 납입하고 수익증권을 발행하며, 보통 신탁원본액 1원에 대해 수익권을 1좌로 표시하므로 이때 기준가격은 1,000원이 된다.

신 탁 재 산

계약형펀드에서 수익자가 위탁회사에게 관리를 위탁한 재산을 말한다.

신 탁 재 산   운 용 보 고 서

매분기, 펀드의 결산, 신탁기간 종료 또는 신탁계약의 해지가 있을 때 자산운용회사가 고객에게 통보하는 펀드의 운용결과를 보고하는 서류를 말한다. 그 내용에는 자산, 부채, 신탁원본, 기준가격, 운용기간 중 손익상황, 주식 채권 등 자산평가액, 신탁재산총액, 기준일 현재 신탁재산에 속하는 주식의 업종 주식 수, 주식평가액, 운용기간 중 매매한 주식의 총수와 매매금액 등이 들어 있다. 투자자들은 주식이나 채권펀드에 대해 매분기마다 운용보고서를 통해 자세한 운용내역을 살펴볼 수 없다.

원 금 보 존 추 구 형

펀드의 투자기간 종료시 투자원금 또는 원본을 지킬 수 있도록 보수적으로 운용하는 상품을 말한다. 주로 펀드 자산의 대부분을 채권과 같이 안전한 곳에 투자해 만기시 원금을 확보하여, 이자수익금으로 주식, 선물, 옵션, 금, 석유, 부동산과 같이 위험한 자산에 투자하는 상품이다. 투자자 중에서 원금확보를 원하는 보수적인 투자자들을 대상으로 만들어지는 상품으로 위험자산의 가격 변화에 따라 수익률이 결정된다.

위 탁 회 사

계약형펀드에서 신탁재산에 속하는 유가증권의 취득, 매각 및 권리의 행사 등 투자신탁재산의 운용에 관한 일체의 사항에 대해 결정하고 수탁회사에 이를 집행하도록 지시를 내리는 업무를 하는 회사를 말한다.

인 덱 스 펀 드

펀드 중에서 단순하게 종합주가지수나 채권지수를 추적하도록 운용하는 펀드를 말한다. 특별하게 가격상승이 높을 것으로 기대하는 증권을 엄격하게 골라서 고수익률을 지향하는 액티브한 펀드와 달리 증권시장에 들어 있는 많은 종목을 골고루 구입해 장기간 보유하는 소극적인 펀드이다. 최소의 인원과 비용으로 투자위험을 효율적으로 감소시키기 위해 가능한 한 적은 종목으로도 시장지수의 움직임을 근접하게 추적할 수 있는 포트폴리오를 구성하는 것이 인덱스펀드 자산운용의 핵심이다.

일 반 사 무 수 탁 회 사

회사형펀드에서 주식발행의 명의개서에 관한 사무, 주식의 발행에 관한 사무, 증권투자회사의 운영에 관한 사무, 계산에 관한 사무, 법령 또는 정관에 의한 통지 및 공고, 이사회 또는 주주총회의 소집 및 운영에 관한 사무, 기타 증권투자회사로부터 위임받은 업무 등을 행하는 회사를 말한다. 최근 들어서는 계약형펀드에서도 활용되는 주로 기준가격의 산출업무를 대행하고 있다.

자 산 보 관 회 사

계약형펀드에서 신탁재산을 보관하는 수탁회사를 회사형펀드에서는 자산보관회사라고 부른다.

자 산 운 용 회 사

펀드의 자산운용을 담당하는 회사를 말하며, 계약형펀드에서는 위탁회사라고도 부른다. 간단하게 펀드매니저가 재직하고 있으면서 펀드 운용을 전담하는 매우 중요한 회사를 말한다. 투자신탁운용회사, 투신사, 투신운용사는 모두 자산운용회사를 말하는 다양한 명칭들이다.

자 유 적 립 식

적립식으로 펀드에 투자하는 방법 중에서, 투자기간만 정하고 투자금액과 납입횟수의 제한없이 적립하는 방식을 말한다. 투자자들은 본인이 원하는 날짜에 원하는 금액으로 자유롭게 적립식으로 투자하게 된다. 원래 대부분의 주식펀드와 채권펀드는 투자자들이 원하는 방식으로 자유롭게 적립식 투자를 할 수 있으므로 별도의 계약 없이도 자유적립식 투자가 가능하다.

잔 고 좌 수

투자자가 여러 번에 걸쳐서 매입해 보유하고 있는 펀드의 총좌수를 말한다. 잔고좌수에 현재의 기준가격을 곱하면 투자자금에 대한 평가액을 계산할 수 있다. 판매할 때 잔고좌수 중 몇 좌를 해약한다는 식의 의사결정을 해야 하지만, 너무 복잡한 개념이므로 일반적으로 투자자들은 얼마를 환매해 달라는 식으로 의사 결정하고 있다.

적립식 펀드

펀드투자시 목돈으로 투자하기보다는 소액으로 여러 달에 걸쳐서 투자하는 방법을 말한다. 적립식으로 펀드에 투자하면 일정한 금액을 일정한 기간별로 규칙적으로 투자함으로써 평균매입단가를 하락시켜 투자하는 방법과 정액적립식으로 투자하는 방법으로 구분된다.

주가수익비율 PER

주식의 저평가 여부를 판단하는 척도로서, 1주의 주가를 1주당 순이익으로 나누어 계산한다.

주가장부가치비율 PBR

주식의 저평가 여부를 판단하는 척도로서, 1주의 주가를 주당순자산으로 나누어 계산한다. PBR이 1 이상인 종목은 자산가치에 비해 주가가 높고 1 미만인 종목은 자산가치에 비해 주가가 낮게 평가되어 있다는 것을 의미한다.

주가지수연계채권 ELS

주가지수연계채권이란 증권사들이 발매하는 신종채권으로, 원금보존에다 주식이나 주가지수의 가격 움직임에 수익률이 연계되어 상승하도록 되어 있는 복잡한 채권을 말한다.

주당순이익 EPS

기업이 벌어들인 순이익을 그 기업이 발행한 총 주식 수로 나눈 값. 주당순이익이 높다는 것은 그만큼 경영실적이 좋다는 것을 의미한다. 규모가 다른 기업의 수익성을 비교할 때는 이익의 절대규모만으로는 비교가 불가능하기 때문에 주당순이익으로 평가한다. 또한 주당순이익은 주가수익비율 계산의 기초가 되기도 한다.

직접판매

자산운용회사가 판매회사를 경유하지 않고 직접 고객에게 펀드를 판매하는 것을 말한다. 이 경우 투자자들은 인터넷이나 전화를 통해 자산운용회사로부터 펀드를 직접 매입하기 때문에 펀드비용 중에서 가장 높은 비중을 차지하는 판매보수를 물지 않아도 된다.

추가형 투자신탁

투자자들이 언제든지 추가로 가입할 수 있는 펀드를 말한다. 적립식 투자와 같이 장기간 투자할 때는 반드시 추가형 펀드라야 가능하며, 우리나라에 설정되어 있는 대부분의 주식, 채권펀드는 추가형이다.

콜 론

자금이 남은 금융기관들이 자금이 부족한 금융기관에게 초단기로 빌려주는 자금을 말한다. 펀드에서 투자하고 남은 현금을 초단기간 투자하는 대상으로 많이 사용하고 있다.

투 자 신 탁

계약형으로 만들어진 펀드를 투자신탁이라고 한다. 이에 반해 회사형으로 만들어진 펀드는 투자회사라고 한다. 투자신탁과 투자회사를 합치면 단순하게 펀드라고 부르게 되는데, 법률상으로는 '간접투자기구' 라고 말한다.

투 자 신 탁   계 약 기 간

계약형펀드가 존속하는 기간을 말한다. 단위형의 경우는 만기일이 있어 투자신탁 계약기간이 일정하게 정해지지만, 추가형의 경우에는 별도로 만기일이 없기 때문에 수십 년간 지속할 수 있다. 따라서 대부분의 추가형

펀드는 펀드의 만기가 따로 정해져 있지 않다.

파 생 상 품 펀 드

펀드 자산의 10 % 이상을 위험 회피 외의 목적으로 장내파생상품 또는 장
외파생상품에 투자하는 펀드를 말한다.

판 매 보 수

투자자가 수익증권 또는 뮤추얼펀드의 주식을 매입할 때 판매회사에 지
불하는 수수료, 외국과 달리 우리나라의 경우 대부분의 펀드들이 판매비
용을 매입시 판매회사에 수수료로 지급하는 것이 아니라 운용보수, 수탁
보수와 함께 일괄공제 후 지급하는 판매보수방식을 채택하고 있다. 이렇
게 판매수수료가 아니라 판매보수 형태가 발달한 것은 한국만의 특이한
상황이다,

판 매 회 사

펀드의 판매를 담당하는 회사로서 은행, 증권회사, 보험회사 등의 금융기
관을 말한다. 노로드펀드의 경우 자산운용회사가 직접투자자에게 펀드를
판매하므로 판매회사를 겸업하게 된다.

펀 드 오 브 펀 드

펀드 오브 펀드란 투자자들이 펀드에 투자한 자금을 다시 여러 개의 다양한 펀드에 재투자해 위험을 분산하고 투자 기회를 극대화한 펀드상품이다.

펀 드 의 결 산

펀드를 1년과 같이 미리 정해진 기간별로 결산하는 것을 말한다. 마치 주식회사가 결산하듯이 펀드 내 보유자산을 결산해 이익분배금 및 상환금, 신탁보수 등을 확정한 다음, 이익분배금이나 상환금은 수익자에게 지급하거나 재투자하고, 신탁보수는 펀드에서 인출되어 위탁자와 수탁자에게 지급된다.

편 입 비 율

투자신탁의 펀드를 운용함에 있어서 주식, 채권 등의 유가증권과 콜론 등에 대한 자산구성비율을 말한다. 이 비율에 따라 신탁 자산의 운용상황, 적극성 여부를 알 수 있다.

폐 쇄 형 펀 드

신탁기간 중에 환매를 청구할 수 없는 펀드를 말한다. 자산운용자의 입장

에서 보면 신탁기간 중에 환매에 관계없이 신탁금을 운용할 수 있고 환매
준비금을 유지할 필요가 없어 높은 수익을 기대할 수 있다는 장점을 가진
반면, 투자자의 입장에서는 환금성이 제약되는 단점을 가지고 있다. 투자
자에게 환금성을 부여하기 위해 증권거래소나 코스닥 시장에 상장 또는
등록해 거래할 수 있도록 되어 있다. 그래서 대부분의 폐쇄형펀드는 상장
형펀드라고도 부른다.

포 트 폴 리 오

분산투자를 위해 여러 종류의 주식이나 채권에 투자된 증권들의 집합을
말한다. 분산투자를 통해 위험을 줄일 수 있기 때문에 펀드에서는 기본적
으로 포트폴리오를 구성하도록 되어 있다. 하지만 부동산펀드, 선박펀드
같이 특수한 펀드의 경우에는 한 개의 투자물에 집중적으로 투자되기도
한다.

포 트 폴 리 오   회 전 율

어떤 펀드가 얼마나 자주 유가증권을 사고팔았는지를 측정하는 지표. 펀
드 포트폴리오의 거래 횟수를 의미한다.

하 이 일 드　펀 드

채권펀드 중에서 신용등급 BB+ 이하에 있는 기업의 채권이나 기업어음에 투자하는 펀드를 말한다. 신용등급이 낮은 채권에 투자하므로 고위험-고수익률을 지향하는 공격적인 펀드이다.

해 외　펀 드

국내투자자를 대상으로 펀드를 발매해 조성한 자금으로 주로 해외증권시장에 상장된 유가증권에 투자, 운용하는 펀드를 말한다.

헤 지 펀 드

거액투자자들을 위한 사모투자펀드를 말한다. 국내에서는 아직 만들 수 없으나 외국에서는 매우 많이 만들어지고 있다. 헤지펀드는 소수의 투자자로부터 자금을 모아서 다양한 증권과 파생상품, 비상장주식, 부동산 등에 자유롭게 투자해 고수익률을 지향하는 특성을 가지고 있다. 워낙 종류가 다양하고 많은 투자자금을 요구하므로 개인 투자자들이 투자하기에는 적합하지 않다.

환 매

투자자가 펀드에 들어 있는 투자자금을 회수하는 것을 말한다. 이때 순자산가치만큼 돌려받게 되는데 때에 따라서는 후취판매 수수료나 상환수수료를 공제하기도 한다. 개방형펀드는 언제든지 환매가 가능하나, 폐쇄형펀드는 만기까지 환매가 불가능하다.

환 매 수 수 료

3개월이나 1개월과 같이 펀드에서 정한 최소 투자기간 이내에 펀드를 환매할 때 투자자가 지불하는 벌금을 말한다. 이는 투자자의 초단기투자를 억제함으로써 펀드 운용에 안정을 기하고 환매에 따른 사무처리 비용에 충당하기 위해 청구하는 일종의 중도해지에 따른 위약금 또는 수수료의 성격을 갖는다.

환 매 조 건 부 채 권

채권을 일정 기간 후에 일정한 가격으로 다시 매수 또는 매도한다는 것을 조건으로 한 채권. 즉 최초 거래시에 미리 재매매계약을 체결해 일정 기간 후에 채권의 인도와 대금 지급을 반대로 행하게 된다.

펀드용어해설

후 취 판 매 수 수 료

투자자가 환매할 때 환매청구 금액의 일정비율을 판매수수료로 지불하는 방식, 주로 투자기간별로 수수료율을 차등 부과하므로 장기투자자의 경우 선호하게 된다. 하지만 판매보수나 선취판매 수수료와 병행해 부과하는 경우가 대부분이므로 총비용 측면에서 판단해야 한다.